BESONDERE LEISTUNGSFESTSTELLUNG 2013

Mathematik 10. Klasse

Gymnasium
Thüringen
2006–2012

- BLF 2009
  Wahlaufgabe 2

  2012
  ~ 11
  WA

  2012
  A2 Nr 6
  2009
  A9 e

STARK

ISBN 978-3-8490-0175-9

© 2012 by Stark Verlagsgesellschaft mbH & Co. KG
9. ergänzte Auflage
www.stark-verlag.de

Das Werk und alle seine Bestandteile sind urheberrechtlich geschützt. Jede vollständige oder teilweise Vervielfältigung, Verbreitung und Veröffentlichung bedarf der ausdrücklichen Genehmigung des Verlages.

Inhalt

Vorwort

Hinweise und Tipps zur besonderen Leistungsfeststellung

Ablauf der besonderen Leistungsfeststellung I
Inhalte und Schwerpunktthemen III
Leistungsanforderungen und Bewertung IV
Methodische Hinweise und allgemeine Tipps zur schriftlichen
besonderen Leistungsfeststellung IV
Hinweise zum Lösen mit dem CAS VI

Aufgaben der besonderen Leistungsfeststellung

Haupttermin 2006
Aufgaben 2006-1
Tipps und Hinweise 2006-7
Lösungen 2006-11

Haupttermin 2007
Aufgaben 2007-1
Tipps und Hinweise 2007-7
Lösungen 2007-11

Haupttermin 2008
Aufgaben 2008-1
Tipps und Hinweise 2008-7
Lösungen 2008-10

Haupttermin 2009
Aufgaben 2009-1
Tipps und Hinweise 2009-6
Lösungen 2009-9

Haupttermin 2010
Aufgaben 2010-1
Tipps und Hinweise 2010-5
Lösungen 2010-9

Haupttermin 2011
Aufgaben 2011-1
Tipps und Hinweise 2011-4
Lösungen 2011-7

Haupttermin 2012
Aufgaben 2012-1
Tipps und Hinweise 2012-6
Lösungen 2012-9

Jeweils im Herbst erscheinen die neuen Ausgaben der besonderen Leistungsfeststellung mit Lösungen.

Autor: Udo Eckert

Vorwort

Liebe Schülerinnen und Schüler,

dieses Buch hilft Ihnen dabei, sich selbstständig auf Ihre bevorstehende **besondere Leistungsfeststellung im Fach Mathematik** vorzubereiten.

Im ersten Teil „**Hinweise und Tipps zur besonderen Leistungsfeststellung**" erhalten Sie Informationen zum Ablauf, zu den Schwerpunktthemen und zur Bewertung der besonderen Leistungsfeststellung. Außerdem finden Sie hier wertvolle Hilfestellungen zur Aufgabenbewältigung bei der Vorbereitung auf und während der besonderen Leistungsfeststellung. Auf den Seiten VI bis XI finden Sie auch einige Hinweise zum Umgang mit einem CAS.

Der zweite Teil des Buches beinhaltet **Original-Aufgaben der besonderen Leistungsfeststellung der Jahre 2006 bis 2012**. Zu allen Aufgaben finden Sie **vollständige und ausführlich kommentierte Lösungen**. Mit Ihnen können Sie eigenständig kontrollieren, ob Sie die Aufgaben richtig gelöst haben. Sie helfen Ihnen dabei, die einzelnen Rechenschritte genau nachzuvollziehen. Zusätzlich zu den handschriftlichen Lösungen finden Sie in der Ausarbeitung der Prüfungen 2011 und 2012 auch Lösungshinweise mit einem CAS vor.

Sollten Sie einmal nicht weiterkommen, helfen Ihnen die **Tipps und Hinweise zur Lösung** auf den richtigen Weg. Wenn Sie mit einer Aufgabe nicht zurechtkommen, schauen Sie deshalb nicht gleich in die Lösungen, sondern nutzen Sie schrittweise diese Tipps, um selbst die Lösung zu finden.

Sollten nach Erscheinen dieses Bandes noch wichtige Änderungen in der besonderen Leistungsfeststellung 2013 vom Thüringer Ministerium für Bildung, Wissenschaft und Kultur bekannt gegeben werden, finden Sie aktuelle Informationen dazu im Internet unter www.stark-verlag.de/info.asp?zentrale-pruefung-aktuell.

Für die Arbeit mit diesem Buch und natürlich für die besondere Leistungsfeststellung wünsche ich Ihnen viel Erfolg!

Udo Eckert

Hinweise und Tipps zur besonderen Leistungsfeststellung

Ablauf der besonderen Leistungsfeststellung

Die besondere Leistungsfeststellung

Seit dem Schuljahr 2003/2004 nehmen an den Gymnasien in Thüringen alle Schülerinnen und Schüler der Klassenstufe 10 an der besonderen Leistungsfeststellung teil (mit Ausnahme derjenigen Schülerinnen und Schüler, die bereits einen Realschulabschluss besitzen).

Die Leistungsfeststellung findet in den Fächern Deutsch, Mathematik, erste Fremdsprache sowie nach Wahl des Schülers in einem der Fächer Physik, Chemie oder Biologie statt. In den Fächern Deutsch, Mathematik sowie in Physik, Chemie bzw. Biologie erfolgt sie schriftlich. Die Leistungsfeststellung in der ersten Fremdsprache wird mündlich abgelegt, in der ersten Fremdsprache Latein jedoch schriftlich.

Zusätzlich kann in diesen Fächern nach Bekanntgabe der Noten auf Verlangen des Schülers eine mündliche Leistungsfeststellung durchgeführt werden.

Mit der erfolgreichen Teilnahme an der besonderen Leistungsfeststellung **und** dem Erfüllen der Versetzungsbestimmungen wird dem Schüler am Gymnasium eine dem Realschulabschluss gleichwertige Schulbildung bescheinigt. Der Schüler wird in die Klassenstufe 11 versetzt und tritt damit in die Qualifikationsphase der Thüringer Oberstufe über.

Die besondere Leistungsfeststellung findet im zweiten Schulhalbjahr der Klassenstufe 10 statt. Für das Schuljahr 2012/2013 liegen die schriftlichen Leistungsfeststellungen im Zeitraum vom 22.5. bis 26.6.2013 und die mündliche Leistungsfeststellung in der ersten Fremdsprache im Zeitraum vom 3.6. bis 7.6.2013. Die zusätzlichen mündlichen Leistungsfeststellungen finden in der Zeit vom 17.6. bis 26.6.2013 statt (den genauen Termin legt der Schulleiter fest).

Die besondere Leistungsfeststellung im Fach Mathematik findet am 24.5.2013 in einem Zeitrahmen von 180 Minuten statt.

Der Schüler hat erfolgreich an der besonderen Leistungsfeststellung teilgenommen, wenn er die Bestimmungen zur Versetzung nach der Thüringer Schulordnung erfüllt hat. Das bedeutet im Einzelnen für die besondere Leistungsfeststellung:

- Er hat in allen vier Fächern der besonderen Leistungsfeststellung mindestens die Note 4 (ausreichend) erhalten **oder**
- in höchstens einem Fach die Note 5 (mangelhaft) bekommen und in den anderen drei Fächern nicht schlechter als mit der Note 4 (ausreichend) abgeschlossen **oder**
- in höchstens zwei Fächern die Note 5 (mangelhaft) erhalten, kann diese beiden Noten aber ausgleichen und hat im Übrigen nicht schlechter als mit der Note 4 (ausreichend) abgeschlossen **oder**
- in höchstens einem Fach die Note 6 (ungenügend) erhalten, kann diese aber ausgleichen und hat in den übrigen Fächern nicht schlechter als mit der Note 4 (ausreichend) abgeschlossen.

Ein Ausgleich für die besondere Leistungsfeststellung ist

- für je eine Note 5 (mangelhaft) durch zwei Noten 3 (befriedigend) **oder** eine Note 2 (gut) **oder** durch eine Note 1 (sehr gut),
- für eine Note 6 (ungenügend) durch zwei Noten 2 (gut) **oder** durch eine Note 1 (sehr gut)

gegeben.

Erreicht ein Schüler in der schriftlichen Leistungsfeststellung nicht sofort diese Ergebnisse, so ist ein Bestehen nur über die zusätzliche mündliche Leistungsfeststellung in diesen Fächern möglich.

Findet damit auf Wunsch des Schülers in den Fächern der besonderen Leistungsfeststellung eine mündliche Leistungsfeststellung statt, gehen das Ergebnis der schriftlichen und das Ergebnis der mündlichen Leistungsfeststellung im Verhältnis 2 : 1 in die Gesamtnote der besonderen Leistungsfeststellung in diesem Fach ein. Die nach den mündlichen Leistungsfeststellungen erreichten Gesamtnoten müssen dann die Kriterien der Versetzungsbestimmungen erfüllen.

Bei der Ermittlung der Note für das Schuljahr werden in den Fächern der besonderen Leistungsfeststellung das Ergebnis der gesamten im laufenden Schuljahr erbrachten Leistungen (Jahresfortgangsnote) und das Ergebnis der Leistungsfeststellung gleich gewichtet.

In den Fächern außerhalb der besonderen Leistungsfeststellung gelten die Jahresfortgangsnoten als Noten für das Zeugnis. In den Fächern der besonderen Leistungsfeststellung werden im zweiten Schulhalbjahr der Klassenstufe 10 keine Klassenarbeiten geschrieben.

Aufbau der besonderen Leistungsfeststellung

Die besondere Leistungsfeststellung in Mathematik beinhaltet eine Pflichtaufgabe und zwei Wahlaufgaben A1 und A2, von denen eine zur Bearbeitung ausgewählt werden kann.

Inhalte und Schwerpunktthemen

Der wesentliche Inhalt der besonderen Leistungsfeststellung im Fach Mathematik ist der Unterrichtsstoff der Klasse 10. Darüber hinaus ist es auch erforderlich, dass grundlegendes Wissen aus der Klassenstufe 9 zur Lösung der Aufgaben beherrscht werden muss.
Die Schwerpunkte aus der Klassenstufe 10 sind folgende:

Funktionen

1. Winkelfunktionen
   - Winkelbeziehungen Sinus, Kosinus und Tangens am Einheitskreis und im rechtwinkligen Dreieck
   - Eigenschaften der Winkelfunktionen $y = f(x) = \sin x$; $y = f(x) = \cos x$; $y = f(x) = \tan x$
   - Eigenschaft der Funktion $y = f(x) = a \sin bx$
   - Sinussatz und Kosinussatz
2. Potenzfunktionen
   - Erweiterung des Potenzbegriffs auf rationale Exponenten, Potenzgesetze, einfache Wurzeln, der Begriff Logarithmus und Logarithmengesetze
   - Potenzfunktionen $y = f(x) = x^n$ für $n = 2; 3; 4; -1; -2; \frac{1}{2}; \frac{1}{3}$
   - Verkettete Funktionen und Umkehrfunktionen
3. Exponentialfunktionen
   - Eigenschaften der Exponentialfunktionen mit einfachen positiven Basen
   - Exponentielles Wachstum und Zerfall
4. Logarithmusfunktionen

Stochastik

1. Zufallsexperimente
   - Zufallsexperimente (ein- und mehrstufig)
   - die Begriffe Ergebnis, Ergebnismenge, Ereignis und deren Durchschnitt und Vereinigung
2. Häufigkeiten und Wahrscheinlichkeiten
   - die Begriffe absolute und relative Häufigkeit und deren Eigenschaften
   - der Begriff der Wahrscheinlichkeit, Gleichverteilung, Rechnen mit Wahrscheinlichkeiten

Leistungsanforderungen und Bewertung

Für die Pflichtaufgabe und die Wahlaufgabe werden je 20 Punkte vergeben, sodass die Gesamtpunktzahl für die besondere Leistungsfeststellung 40 Punkte beträgt.
Die Festlegung der Noten für die besondere Leistungsfeststellung Mathematik richtet sich nach folgender Tabelle:

Note 1	sehr gut	36–40 Punkte
Note 2	gut	29–35 Punkte
Note 3	befriedigend	22–28 Punkte
Note 4	ausreichend	15–21 Punkte
Note 5	mangelhaft	8–14 Punkte
Note 6	ungenügend	0– 7 Punkte

Methodische Hinweise und allgemeine Tipps zur schriftlichen besonderen Leistungsfeststellung

Vorbereitung

Der Mathematikunterricht im 2. Halbjahr der 10. Klasse wird nicht so angelegt sein, dass Sie langfristig und intensiv auf die besondere Leistungsfeststellung vorbereitet werden. Sie arbeiten kontinuierlich am Unterrichtsstoff nach dem vorgegebenen Lehrplan, der es Ihnen ermöglicht, die besondere Leistungsfeststellung abzulegen. Tägliche Übungen und Wiederholungen im Unterricht werden natürlich zum Erfolg beitragen.
Daher ist es wichtig, dass Sie möglichst selbstständig und frühzeitig mit der Vorbereitung auf die besondere Leistungsfeststellung beginnen.

- Beginnen Sie bereits nach den Winterferien, sich mit den Themengebieten der Aufgaben der besonderen Leistungsfeststellung, deren Inhalt und Umfang auseinanderzusetzen.

- Suchen Sie sich in Ihren Aufzeichnungen aus dem Unterricht den entsprechenden Stoff heraus. Einige Aufgaben werden Ihnen noch unbekannt vorkommen, der Mathematikunterricht in den nächsten Wochen wird zur Lösung beitragen.

- Planen Sie Ihren Lernablauf: Wie viel Zeit brauche ich für welches Themengebiet? Wiederholen Sie kurz die Inhalte, die Ihnen schon geläufig sind und erarbeiten Sie dann ausführlich die Themen, die Ihnen bislang unklar sind.

Versuchen Sie nun, die Aufgaben der besonderen Leistungsfeststellung der letzten Schuljahre vollständig selbstständig zu lösen.

- Zu allen komplexeren Aufgaben finden Sie hilfreiche Tipps und Hinweise, die Ihnen den Lösungsweg Schritt für Schritt zeigen. Wenn Sie mit der Lösung einer Aufgabe nicht mehr weiterkommen, lesen Sie den ersten Lösungstipp. Wenn Ihnen diese Hilfestellung noch nicht genügt, lesen Sie den zweiten Tipp usw.
- Beachten Sie, dass die Lösungsdarstellung in der besonderen Leistungsfeststellung stets vollständig nachvollziehbar sein muss. Auch das wird bewertet! Üben Sie daher schon jetzt, ausführliche und übersichtliche Lösungen zu schreiben.
- Vergleichen Sie zum Schluss Ihre Lösungen mit den Musterlösungen und suchen Sie ggf. nach Rechenfehlern oder Verbesserungsmöglichkeiten Ihrer Ansätze.
- In den Musterlösungen finden Sie zusätzlich Kommentare und Hilfestellungen, die durch Rauten besonders gekennzeichnet sind, um Ihnen den Lösungsweg zu verdeutlichen.

Bearbeitung der Aufgaben der besonderen Leistungsfeststellung

Versetzen Sie sich bereits in die Lage der Prüfungssituation.
Sie haben 180 Minuten Zeit, um die von Ihnen zu bearbeitenden Aufgaben zu lösen.
Bedenken Sie jetzt schon, dass Sie am Prüfungstag bereits beim ersten Durchlesen der Aufgaben entscheiden sollen, welche der Wahlaufgaben Sie bearbeiten werden. Machen Sie sich in der Vorbereitung unbedingt mit deren Struktur vertraut, suchen Sie nach bekannten und Ihnen geläufigen Aufgaben.

Das Lösen dieser Aufgaben ist für Sie an sich selbstverständlich nichts Neues. Auch in der besonderen Leistungsfeststellung werden Ihnen keine völlig neuen Aufgaben begegnen, auf die Sie im Mathematikunterricht der letzen Jahre nicht vorbereitet wurden. Sie können also prinzipiell all die „Strategien" anwenden, die Sie bisher auch bei all Ihren Klassenarbeiten verfolgt haben.
Wegen der Vielfalt der Aufgabenarten und der Tatsache, dass die Aufgaben der besonderen Leistungsfeststellung nicht von Ihrem Fachlehrer gestellt werden, stellt die besondere Leistungsfeststellung dennoch eine Herausforderung dar. Hinzu kommt, dass Ihnen mit 180 Minuten Arbeitszeit nur ein begrenzter zeitlicher Rahmen für die Bearbeitung zur Verfügung steht, sicherlich werden Sie auch etwas aufgeregt sein.

Daher können Ihnen einige Tipps helfen, diese Situation erfolgreich zu meistern:

- Lesen Sie alle Aufgaben sehr aufmerksam, unter Umständen auch mehrmals, durch, bis Sie deren Inhalt verstanden haben. Finden Sie dabei die **gegebenen und die gesuchten Größen** heraus und suchen Sie nach **Hinweisen für einen Lösungsansatz**.

- Fertigen Sie sich, insbesondere bei den Aufgaben zur Trigonometrie, eine **aussagekräftige Skizze** an, dabei können Sie natürlich die Vorlagen aus den Aufgabenstellungen benutzen. Tragen Sie die gegebenen Größen in die Skizze ein, unter Umständen hilft es Ihnen, diese auch farbig hervorzuheben. Markieren Sie ebenfalls die gesuchten Größen!

- Suchen Sie dann nach Ihnen bekannten Zusammenhängen, Regeln, Sätzen oder Formeln aus dem Teilgebiet dieser Aufgabe. Dabei hilft Ihnen unter Umständen auch die **Formelsammlung**.

- Bevor Sie mit ersten Berechnungen beginnen, überlegen Sie sich besser erst einmal einen **Lösungsplan**. Dieser soll die Schrittfolge enthalten, wie Sie die gesuchte Größe berechnen können.

- Bei der Lösung der Aufgaben achten Sie auf eine **mathematisch korrekte Form**. Arbeiten Sie übersichtlich und notieren Sie die Zwischenschritte, die nötig sind, um Ergebnisse zu erhalten. Kurze inhaltliche Bemerkungen sind dabei oft notwendig.

- Vergessen Sie nicht, Ihr **Endergebnis** hervorzuheben und schreiben Sie einen Antwortsatz. Nutzen Sie auch schon bei den Zwischenrechnungen geeignete **Formen der Kontrolle**, bei der Lösung von Gleichungen führen Sie eine **Probe** durch. Überprüfen Sie zum Schluss Ihr Ergebnis, ob es **sinnvoll** ist und dem Sachverhalt entspricht.

- Achten Sie dabei auch auf die **Einheiten**.

Hinweise zum Lösen mit dem CAS

Seit dem Schuljahr 2011/12 setzen Sie im Unterricht verbindlich einen CAS-Taschencomputer ein. Damit Sie die damit verbundenen Vorteile auch effektiv in der Besonderen Leistungsfeststellung nutzen können, sind hier einige Hinweise für das Lösen von Aufgaben mit solchen Rechnern aufgelistet. Diese Hinweise beziehen sich auf das Rechnermodell TI-Nspire, gelten in ähnlicher Weise aber auch für alle anderen CAS, die untereinander gleichwertig sind.

1. Zur Sicherstellung gleicher äußerer Bedingungen wird verlangt, dass bei der Prüfung verwendete Taschencomputer **vor dem Beginn der Besonderen Leistungsfeststellung** durch ein **RESET** in einen für alle Prüflinge einheitlichen Ausgangszustand mit leerem Arbeitsspeicher zurückgesetzt werden.

Dieses RESET sollten Sie bereits am Vortag der Prüfung zu Hause vornehmen. So können Sie wichtige Dateien von Ihrem Taschencomputer auf einen PC übertragen und abspeichern, um sie später wieder zur Verfügung zu haben. Bei der Gelegenheit sollten Sie auch den technischen Zustand Ihres Taschencomputers überprüfen, eventuell neue Batterien einsetzen oder die Akkus aufladen. Schaden kann es auch nicht, wenn Sie Ersatzbatterien für den Prüfungstag bereithalten.

2. Empfehlenswert ist es, jede größere Aufgabe mit dem im Bildschirmausdruck angezeigten Befehl ⌂ **1: Neues** zu beginnen. Dadurch werden alle bisherigen Eingaben gelöscht und es kann nicht zu Missverständnissen mit bereits im Vorfeld definierten Funktionen oder Variablen kommen. Ebenso ist es möglich, für die Besondere Leistungsfeststellung einen eigenen Ordner mit ⌂ **2: Eigene Dateien** menu **1: Neuer Ordner** anzulegen und jede der Aufgaben als eigene Datei in diesem Ordner abzuspeichern. Dies hat den Vorteil, dass Sie die einmal gespeicherten Funktionen auch zu einem späteren Zeitpunkt zur Verfügung haben. Das Speichern von Dateien funktioniert mit ctrl ⌂ **1: Datei 4: Speichern**.

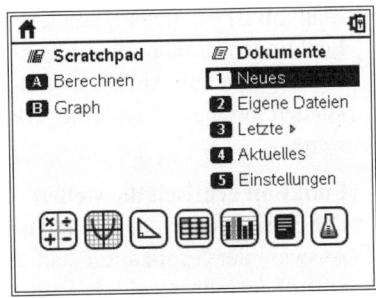

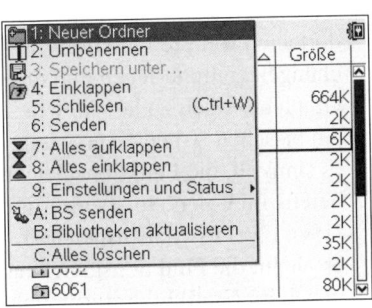

Bei der Erstellung eines neuen Dokuments gibt es mehrere Auswahlmöglichkeiten. In der Besonderen Leistungsfeststellung werden vor allem die Applikationen **1: Calculator hinzufügen** und **2: Graphs hinzufügen** benötigt. Wenn Sie eine der Applikationen ausgewählt haben, öffnet sich das zugehörige Fenster. Falls Sie noch eine weitere Applikation nutzen möchten, verwenden Sie die Tasten ctrl ⌂ **4: Einfügen**.

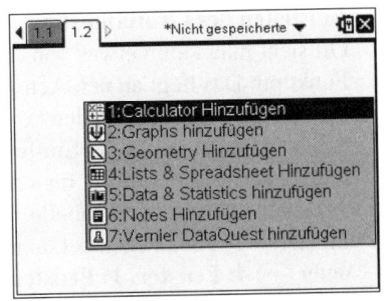

3. **Funktion definieren**
Meistens ist es hilfreich, Funktionsgleichungen direkt abzuspeichern.
Beispiel:
f1(x) := −2,3x² + 15x + 18,5
oder alternativ
−2,3x² + 15x + 18,5 (ctrl)(var) f1(x)
Sinnvoll ist es, die eingespeicherten Funktionen wieder aufzurufen und zu kontrollieren. Auf diese Weise können mögliche Tippfehler erkannt werden.

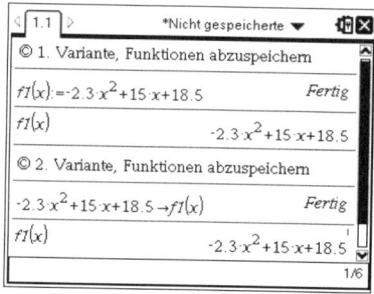

Funktion grafisch darstellen
Die Funktionsgleichung kann nach Auswahl der Applikation „Graphs hinzufügen" direkt eingegeben werden. Natürlich ist es möglich, dort auch weitere Funktionsgleichungen zu hinterlegen und ihren Graph anzeigen zu lassen. Um sich ein bisschen Arbeit zu ersparen, ist es sinnvoll, die Funktionsgleichung bereits im Calculator-Fenster unter f1(x), f2(x) usw. abzuspeichern. So erscheint die Funktionsgleichung gleich im Grafikbildschirm, ohne sie erneut mühsam eingeben zu müssen.

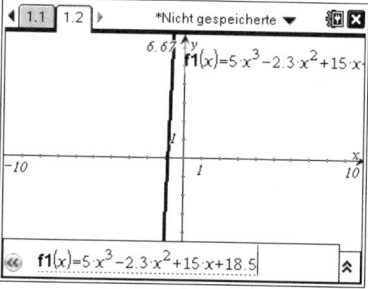

Einstellen des Grafikfensters
Oft sieht man kaum etwas von der Funktion. Das liegt an den Achsenskalen, die verändert werden können. Die Angaben für die Einstellung der Skalen entnimmt man der Aufgabe oder der Wertetabelle. Die Einstellungen des Fensters können unter (menu) **4: Fenster, 1: Fenstereinstellungen** vorgenommen werden.

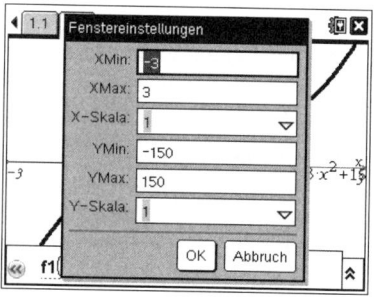

VIII

Wertetabelle erstellen
Auch Wertetabellen helfen, einen Überblick über die Funktionswerte zu bekommen. Aufzurufen sind diese mit (menu) **2: Ansicht, 9: Tabelle einblenden** oder mit dem Shortcut (ctrl)(T).
Unter (menu) **5: Wertetabelle, 5: Funktionseinstellungen bearbeiten** können Tabellenanfang und Schrittweite eingestellt werden.

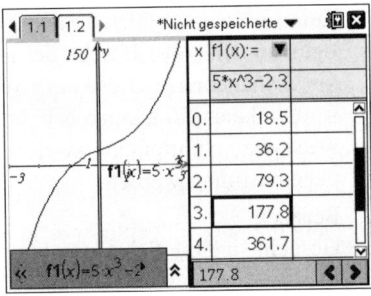

4. **Schieberegler**
Ist zum Beispiel eine Funktionenschar gegeben, kann der Einfluss des in der Funktionsgleichung vorkommenden Parameters im Grafikfenster mittels eines Schiebereglers visualisiert werden. Dazu gibt man die entsprechende Funktionsgleichung in der Eingabezeile ein und baut für den Parameter mit (menu) **1: Aktionen, A: Schieberegler einfügen** einen Schieberegler ein, der sich nun leicht anpassen lässt. Auf diese Weise spart man sich eine erneute Eingabe weiterer Funktionsgleichungen mit unterschiedlichen Parametern und man sieht durch Bedienen des Reglers ganz schnell, wie sich der Graph verändert.

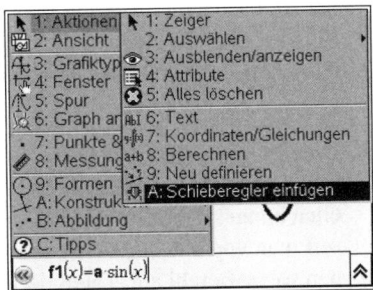

Beispiel:
Für jede reelle Zahl a ($a \neq 0$) sei eine Funktion f_a durch $y = f_a(x) = a \cdot \sin x$ ($x \in \mathbb{R}$) gegeben. Beschreiben Sie, wie die Graphen der Funktionen f_a aus dem Graphen der Funktion $y = \sin x$ hervorgehen.
Wie man an den Graphen leicht ablesen kann, findet eine Streckung in Richtung der y-Achse statt.

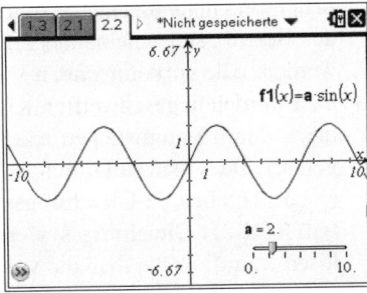

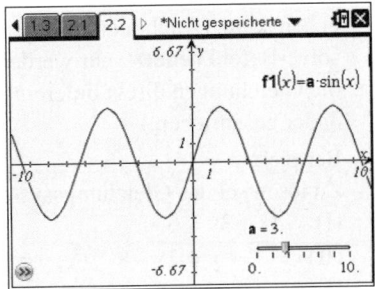

5. **Algebraische Gleichungen lösen**
Zum Lösen einer Gleichung benötigt man den solve-Befehl, der mit (menu) **3: Algebra, 1: Löse** aufgerufen werden kann. So können beispielsweise die Schnittpunkte zweier Graphen bestimmt werden.

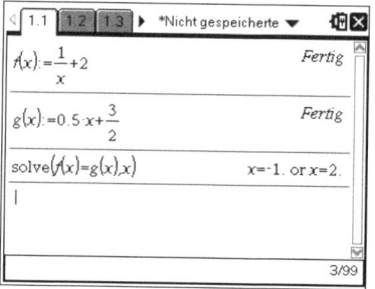

Beispiel:
Gesucht sind die Schnittpunkte der Graphen von $f(x) = \frac{1}{x} + 2$ und $g(x) = 0{,}5x + \frac{3}{2}$. Nach Aufrufen des solve-Befehls und der Eingabe der zu lösenden Gleichung muss die Eingabe der Variablen x, die durch ein Komma ⊙ von der Gleichung getrennt ist, erfolgen.

6. **Gleichungssysteme lösen**
Man kann auf verschiedene Weisen Gleichungssysteme lösen. Entweder ruft man wie unter 5. beschrieben den solve-Befehl auf. Dann definiert man zwei Gleichungen, die durch den Befehl „and" aneinandergefügt werden. Alle vorkommenden Variablen werden in geschweiften Klammern, durch Kommata getrennt, aufgelistet. Oder man ruft durch (menu) **3: Algebra, 7: Gleichungssystem lösen, 1: Gleichungssystem lösen ...** auf, wobei man die vorkommenden Variablen vorab eingeben kann. (Auch hier wird der solve-Befehl benutzt, nur werden die Gleichungen direkt untereinander geschrieben.)

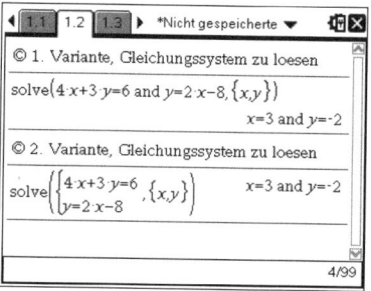

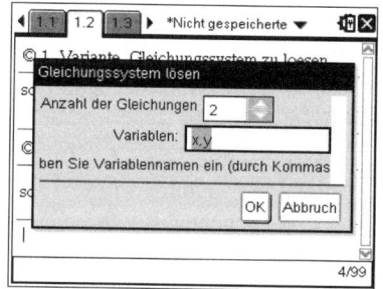

Beispiel:
Zu lösen sei das Gleichungssystem
(I) $4x + 3y = 6$
(II) $y = 2x - 8$ $(x, y \in \mathbb{R})$

X

Dieses Gleichungssystem lässt sich auch grafisch lösen. Dazu muss zuerst die Gleichung (I) nach y umgestellt und zusammen mit der Gleichung (II) als Funktion im CAS abgespeichert werden. Im Grafikbildschirm kann der Schnittpunkt der Funktionen über (menu) **6: Graph analysieren**, **4: Schnittpunkt** dargestellt werden. Die Koordinaten des Schnittpunktes entsprechen der Lösung des Gleichungssystems.

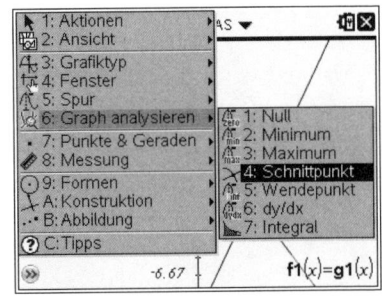

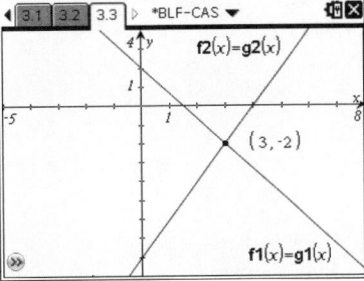

7. Weil der Taschencomputer Ihnen viel Arbeit abnimmt, kann es passieren, dass Ihre Lösungsdarstellung zu knapp ausfällt. Gewöhnen Sie sich beizeiten daran, den Lösungsweg immer so zu notieren, dass er von anderen gut nachvollzogen werden kann. **Kommentieren Sie Ihre Lösungsansätze, notieren Sie zum Teil auch Zwischenschritte und nehmen Sie in der Antwort immer Bezug auf die gestellte Aufgabe.** So haben Sie eine nachträgliche Kontrolle, ob Sie wirklich alle gestellten Aufgabenteile bearbeitet haben. Eventuell ist es dann auch möglich, bei der Korrektur Folgefehler anzuerkennen. Selbstverständlich trägt eine saubere und übersichtliche Darstellung des Lösungsweges zu einem positiven Gesamteindruck Ihrer Prüfung bei.

Besondere Leistungsfeststellung Thüringen 10. Klasse Mathematik 2006

Pflichtaufgabe

Herr Justus prüft zu Beginn jeder Unterrichtsstunde einen Schüler.
Um gerecht zu sein, benutzt er einen Zufallsgenerator.
Gestern zeigte der Zufallsgenerator die Zahl an, die Philipps Nummer im Klassenbuch entspricht. Philipp erhielt nachfolgende Aufgaben. Lösen Sie diese Aufgaben!

a) Gegeben sind die Funktionen f, g und h durch
   $y = f(x) = x^3$, $y = g(x) = x^3 - 1$ und $y = h(x) = (x-1)^3$.
   Wie gehen die Graphen der Funktionen g und h aus dem Graphen der Funktion f hervor? (2 BE)

b) Geben Sie die Funktionsgleichungen zweier Funktionen f_1 und f_2 an, deren Graphen durch Verschiebung um zwei Längeneinheiten entlang der x-Achse auseinander hervorgehen! (1 BE)

c) Für welchen Wert von a enthält der Graph der Funktion f mit der Gleichung $y = f(x) = 3^{ax} - 1$ den Punkt P(2; 2)? (2 BE)

d) Gegeben ist die Funktion g mit der Gleichung $y = g(x) = \sqrt[3]{x^2}$ mit $x \geq 0$.
   Bestimmen Sie eine Gleichung der Umkehrfunktion $\overline{g}$! (2 BE)

Heute zeigt der Zufallsgenerator die Zahl an, die Emilias Nummer im Klassenbuch entspricht. Lösen Sie auch diese Aufgaben!

e) Von einem gleichschenkligen Dreieck ABC seien $\overline{AB} = 2$ cm und $\angle BAC = 45°$ gegeben. Welche Schenkellängen sind für dieses gleichschenklige Dreieck möglich? (2 BE)

f) In einem Parallelogramm mit den Seitenlängen 5 cm und 8 cm beträgt die Größe eines Innenwinkels 60°.
   Berechnen Sie den Flächeninhalt und die Längen der beiden Diagonalen dieses Parallelogramms! (5 BE)

In seiner zehnten Klasse hat Herr Justus siebzehn Schülerinnen und dreizehn Schüler. In den Folgestunden wählt er wie immer mit dem Zufallsgenerator eine der Zahlen von Eins bis Dreißig mit derselben Wahrscheinlichkeit von $\frac{1}{30}$ aus. Durch die ausgewählte Zahl ist der zu prüfende Schüler festgelegt.

g) Berechnen Sie die Wahrscheinlichkeiten folgender Ereignisse:
A := „In der ersten Folgestunde ist Emilia wieder an der Tafel."
B := „In der ersten Folgestunde wird ein Mädchen und in der zweiten Folgestunde ein Junge geprüft."
C := „In den ersten beiden Folgestunden werden Personen unterschiedlichen Geschlechts geprüft."
D := „In den ersten beiden Folgestunden werden Personen desselben Geschlechts, aber niemand zweimal geprüft."
E := „In den ersten beiden Folgestunden werden unterschiedliche Personen und in der dritten eine dieser beiden Personen erneut geprüft." (6 BE)

Wahlaufgabe A1

Die Klasse 10/IV des Gymnasiums „Auf der Höhe" plant eine Exkursion. Diese soll von Ort A aus über die Orte B, C und D führen und wieder im Ort A enden (s. Skizze).

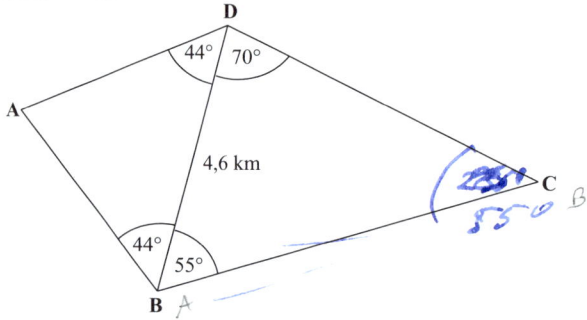

(Skizze nicht maßstäblich)

Aus einer Karte können folgende Angaben entnommen werden:
$\overline{BD} = 4{,}6$ km, $\sphericalangle ADB = \sphericalangle DBA = 44°$, $\sphericalangle BDC = 70°$ und $\sphericalangle CBD = 55°$.

a) Das Vorbereitungsteam plant für diese Exkursion sechs Stunden ein. Die Wandergeschwindigkeit der Gruppe beträgt $5\,\frac{km}{h}$.
Für die Arbeit an Stationen und für Pausen sind insgesamt drei Stunden einzuplanen.
Entscheiden Sie aufgrund Ihrer Berechnungen, ob die Zeitvorgabe von sechs Stunden realistisch ist! (5 BE)

Während der Exkursion sollen unter anderem die Kenntnisse im Stoffgebiet „Berechnungen an Dreiecken" gefestigt werden. Folgende Aufgaben sind zu lösen:

b) Während der Wanderung kommt man an einem See vorbei. In diesem See liegt eine Insel mit einem Turm T. Um die Entfernung des Turmes T von einem bestimmten Punkt U des Ufers zu bestimmen, werden am Ufer eine 50 m lange Strecke $\overline{PQ}$ abgesteckt und die beiden Winkel ∡QPT = 73° und ∡TQP = 53° gemessen (s. Skizze).

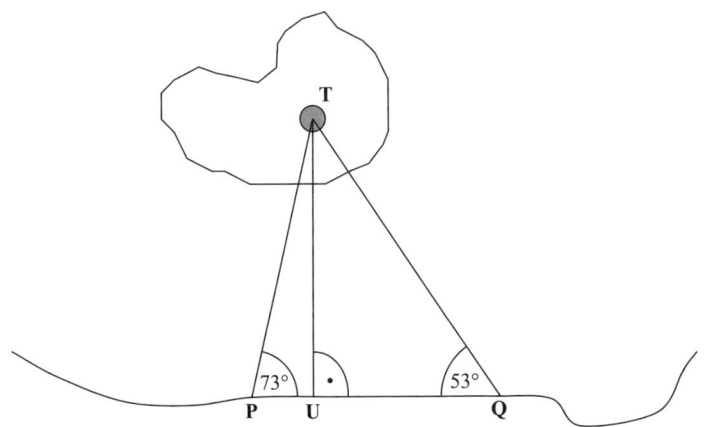

(Skizze nicht maßstäblich)

Berechnen Sie den Abstand $\overline{TU}$ des Turmes vom Ufer! (3 BE)

c) Da die Insel an diesem Tag nicht Ziel der Exkursion ist, soll die Höhe des Turmes mit Mitteln der Trigonometrie bestimmt werden. Dazu werden am Ufer ebenfalls eine 50 m lange Strecke $\overline{RS}$ abgesteckt und die Winkel α = 67° und β = 37° bestimmt (s. Skizze).

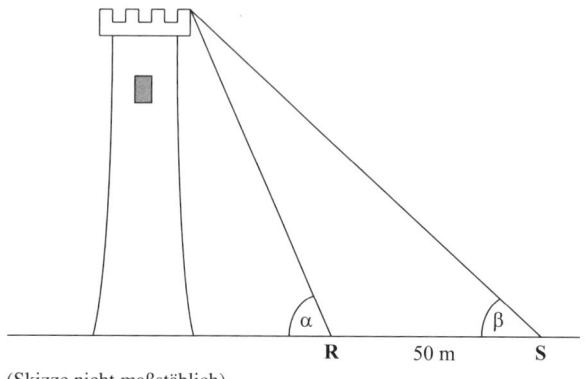

(Skizze nicht maßstäblich)

Ermitteln Sie aus diesen Angaben die Höhe des Turmes! (4 BE)

d) An der nächsten Station trifft die Klasse auf den Förster. Der erklärt, dass der Holzbestand des Waldes ca. 50 000 Festmeter (fm) beträgt. Unter normalen Bedingungen nimmt der Holzbestand des Waldes jährlich um 3,5 % zu.
Auf wie viele Festmeter wächst der Holzbestand in vier bzw. zehn Jahren an, wenn das oben genannte Wachstum anhält?
Wie viele Festmeter müsste man jährlich einschlagen, wenn der Holzbestand auf 50 000 fm beschränkt bleiben soll?
Wie viele Hektar müssen in diesem Falle im ersten Jahr abgeholzt werden, wenn 300 fm/ha geschlagen werden? (4 BE)

e) Die letzte Station ist ein Fischzuchtbecken. Dort wurde eine große Anzahl von Fischen eingesetzt; davon sind zwei Drittel Forellen. (Deshalb kann das Angeln als Ziehen mit Zurücklegen aufgefasst werden.) Der Klassenlehrer Herr Fischer darf während der Pause sein Anglerglück probieren und fängt tatsächlich drei Fische.
Mit welcher Wahrscheinlichkeit hat er drei Forellen gefangen?
Wie hoch hätte der Anteil der Forellen im Aufzuchtbecken mindestens sein müssen, damit Herr Fischer bei seinem Angelversuch mit einer Wahrscheinlichkeit von mehr als 50 % genau drei Forellen gefangen hätte? (4 BE)

Wahlaufgabe A 2

a) Gegeben seien die Funktionen f, g und h mit $y = f(x) = x^3$, $y = g(x) = -x^3$ und $y = h(x) = x^{\frac{1}{3}}$.

In der Abbildung ist der Graph einer dieser Funktionen zu sehen.

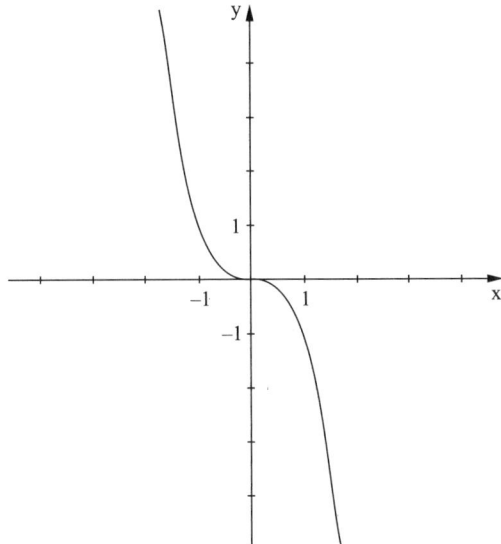

Entscheiden Sie, welche Funktion grafisch dargestellt ist! Zeichnen Sie die Graphen der beiden anderen Funktionen in ein und dasselbe Koordinatensystem!

Weisen Sie rechnerisch nach, dass die Graphen der Funktionen f und h genau zwei Punkte gemeinsam haben! Welche Beziehung besteht zwischen den Funktionen f und h mit $x \geq 0$? (6 BE)

b) Nun seien die Funktionen u und v mit den Gleichungen $y = u(x) = 2 \cdot \sin x$ und $y = v(x) = -\cos x$ gegeben.

Zeichnen Sie die Graphen dieser beiden Funktionen im Intervall $-\frac{3}{2}\pi \leq x \leq \frac{3}{2}\pi$.

Stellen Sie in einer Tabelle die Eigenschaften Wertebereich, kleinste Periode und Nullstellen der beiden Funktionen im vorgegebenen Intervall zusammen!

Der Graph einer Funktion u_a mit $y = u_a(x) = a \cdot \sin x$ verläuft durch den Punkt $P\left(\frac{\pi}{4}; -\sqrt{2}\right)$.
Ermitteln Sie eine zugehörige Funktionsgleichung! (8 BE)

c) Wie groß ist jeweils x?

$\log_2 \sqrt[3]{x} = 1$

$2^{x+3} = \frac{1}{4}$ (2 BE)

d) Von einem Dreieck ABC liegt der Eckpunkt C auf einem Halbkreis über $\overline{AB}$ mit dem Radius r.

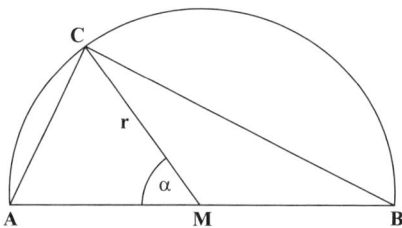

Geben Sie eine Formel zur Berechnung des Flächeninhaltes des Dreiecks ABC in Abhängigkeit von r und α an! (2 BE)

e) Immer beliebter werden so genannte „Multiple-Choice-Tests". Einer dieser Tests besteht aus zehn Aufgaben. Bei jeder Aufgabe gibt es vier Auswahlmöglichkeiten, von denen genau eine richtig ist.
Ein Testkandidat ist überhaupt nicht vorbereitet und kreuzt bei jeder Aufgabe genau eine Antwort zufällig an.
Wie groß ist die Wahrscheinlichkeit, dass er alle Fragen richtig beantwortet? (2 BE)

Tipps und Hinweise zu den Lösungen

Die folgenden Tipps verraten Ihnen zum Teil schrittweise den Lösungsweg. Lesen Sie also den zweiten Tipp erst, wenn Sie mit dem ersten nicht weiterkommen usw.

Pflichtaufgabe

a)
- Das Prinzip der Scheitelpunktbestimmung der quadratischen Funktionen $y = x^2 + c$ bzw. $y = (x+d)^2$ wird hier auf die Funktion dritten Grades $y = x^3$ übertragen.
- Der Graph der Funktion $y = x^3$ wird nur verschoben.
- Der Parameter c bewirkt die Verschiebung entlang der y-Achse um c Einheiten.
- Der Parameter d bewirkt die Verschiebung auf der x-Achse um $-d$ Einheiten.

b)
- Bei einer Verschiebung entlang der x-Achse um zwei Einheiten ist $|d| = 2$.

c)
- Setzen Sie die Koordinaten des Punktes P in die Funktionsgleichung ein und bestimmen Sie den Wert a.

d)
- Eine Gleichung der Umkehrfunktion $\overline{g}$ erhält man, wenn man die Gleichung der Ausgangsfunktion g nach x umstellt und dann die Variablen x und y vertauscht.

e)
- In einem gleichschenkligen Dreieck sind zwei Dreiecksseiten gleich lang.
- Die andere Seite bezeichnet man als Basis, die an der Basis anliegenden Innenwinkel (Basiswinkel) sind auch gleich groß.
- Es gibt zwei Lösungen für das gesuchte Dreieck!
- Der Winkel von 45° kann einer dieser Basiswinkel sein, dann ist die Seite $\overline{AB}$ die Basis des Dreiecks **oder** die Seite $\overline{AB}$ ist eine der gleich langen Seiten, die den Winkel von 45° einschließen.

f)

✓ Ein Parallelogramm wird durch eine seiner Diagonalen in zwei flächengleiche Dreiecke zerlegt, von denen man den Flächeninhalt leicht berechnen kann.

✓ Von den Dreiecken sind zwei Seiten und der eingeschlossene Winkel bekannt, nutzen Sie die entsprechende Formel für den Flächeninhalt dieses Dreiecks.

✓ Die Diagonalen bilden die dritte Dreiecksseite und können mit dem Kosinussatz berechnet werden.

g)

✓ Die Wahrscheinlichkeit, dass einer der dreißig Schüler ausgewählt wird beträgt $\frac{1}{30}$.

✓ Die Wahrscheinlichkeit, dass von den dreißig Schülern eines der 17 Mädchen ausgewählt wird beträgt $\frac{17}{30}$, analog für die Jungen $\frac{13}{30}$.

✓ Wird nach einer getroffenen Auswahl eines Mädchen (oder eines Jungen) ein anderes Mädchen (oder ein anderer Junge) ausgewählt verringert sich die „Auswahlmenge" um 1 und die Wahrscheinlichkeit beträgt dann $\frac{16}{30}$ (bei den Jungen analog $\frac{12}{30}$).

Wahlaufgabe A1

a)

✓ Eine Geschwindigkeit von $5 \frac{km}{h}$ bedeutet, dass die Gruppe in einer Stunde 5 Kilometer zurücklegt.

✓ Berechnen Sie die Längen der Teilstrecken $\overline{AB}$, $\overline{BC}$, $\overline{CD}$ und $\overline{DA}$.

✓ Diese sind Dreiecksseiten in den Dreiecken ABD bzw. BCD.

✓ Bestimmen Sie die fehlenden Innenwinkel und nutzen Sie den Sinussatz.

✓ Beachten Sie, welche Art von Dreiecken vorhanden sind.

b)

✓ Die gesuchte Strecke $\overline{TU}$ ist bezüglich der bekannten Winkel eine Gegenkathete in den rechtwinkligen Dreiecken PUT bzw. UQT.

✓ Benutzen Sie den Sinus im rechtwinkligen Dreieck und berechnen Sie die Seite $\overline{PT}$ mit dem Sinussatz.

c)

✏ Fällen Sie von der Turmspitze das Lot auf den Boden, so erhalten Sie die Höhe des Turmes und ein rechtwinkliges Dreieck, in dem Sie weitere Berechnungen durchführen müssen.

✏ Fehlende Seiten kann man mit dem Sinussatz berechnen, dazu ist der Nebenwinkel von α zu bestimmen.

d)

✏ Bei dieser Aufgabe liegt ein exponentielles Wachstum vor.

✏ Stellen Sie die Wachstumsgleichung auf.

✏ Um den Holzbestand auf 50000 fm konstant zu halten, müssen davon 3,5 % eingeschlagen werden.

e)

✏ Bestimmen Sie die Wahrscheinlichkeit für das Fangen einer Forelle.

✏ Das Fangen von drei Forellen ist das dazugehörige dreistufige Experiment.

Wahlaufgabe A2

a)

✏ Wenn Sie die dargestellte Funktion an der x-Achse spiegeln, erhalten Sie die Ihnen bekannte Funktion $y = x^3$, **oder** Sie bestimmen die Funktionswerte an der Stelle $x = -1$ und vergleichen mit der abgebildeten Funktion.

✏ Die Abszissen (x-Werte) der gemeinsamen Punkte bestimmt man durch das Lösen der Gleichung, nachdem man die Funktionsterme gleich gesetzt hat.

✏ Wiederholen Sie Ihre Kenntnisse zu den Umkehrfunktionen.

b)

✏ Nutzen Sie Ihre Kenntnisse über den Parameter a bei $y = a \cdot \sin x$ bzw. $y = a \cdot \cos x$ oder fertigen Sie eine Wertetabelle an. Die Eigenschaften können Sie dann ablesen.

✏ Setzen Sie die Koordinaten des Punktes P in die Funktionsgleichung der Funktion u_a ein und stellen Sie nach a um.

c)

✏ Benutzen Sie die Potenzgesetze und die Definitionen $a^{-n} = \frac{1}{a^n}$ und $a^{\frac{1}{n}} = \sqrt[n]{a}$.

d)

- Zeichnen Sie die Höhe h des Dreiecks ABC auf $\overline{AB}$ ein.
- Es entsteht ein rechtwinkliges Dreieck mit dem Innenwinkel α.
- Stellen Sie eine Beziehung in diesem rechtwinkligen Dreieck zwischen α, r und h auf.

e)

- Bestimmen Sie die Wahrscheinlichkeit, um eine Frage richtig zu beantworten.
- Dieser Versuch wird nun 10-mal durchgeführt.

Lösungen

Pflichtaufgabe

Der Test am Anfang der Aufgabe verweist nur auf die Situation, dass Philipp mit Hilfe eines Zufallsgenerators, der im weiteren Verlauf noch eine Rolle spielt, für eine Leistungskontrolle ausgewählt wurde.

a) Gegeben: $y = f(x) = x^3 \rightarrow$ Ausgangsfunktion
$$y = g(x) = x^3 - 1$$
$$y = h(x) = (x-1)^3$$

Gesucht ist, wie die Graphen der Funktionen g und h aus dem Graphen der Funktion f, der Ausgangsfunktion, hervorgehen.

Es handelt sich bei allen drei Graphen um Darstellungen von Funktionen dritten Grades, g und h werden durch den Parameter –1 beeinflusst. Dieser Parameter führt nur zu einer Verschiebung des Graphen der Ausgangsfunktion f.

$y = g(x) = x^3 - 1 = f(x) - 1$

Der Graph der Funktion g entsteht durch Verschiebung des Graphen der Funktion f um –1 Einheiten entlang der y-Achse, d. h. er wird um **eine Einheit nach unten verschoben**.

$y = h(x) = (x-1)^3 = f(x-1)$

Hier ändert sich im Vergleich zum Graphen der Funktion g das Argument der Funktion. Es wird zuerst der Parameter 1 von x subtrahiert und dann potenziert.

Der Graph der Funktion f wird um –1 Einheit entlang der x-Achse verschoben wird, d. h. er wird um **eine Einheit nach rechts verschoben**.

Die folgenden Skizzen sollen das noch einmal verdeutlichen:

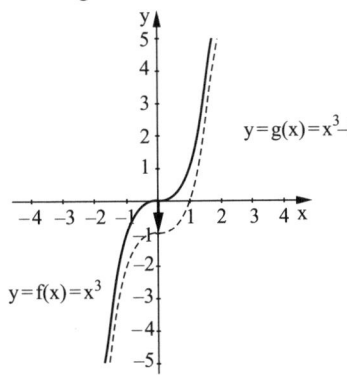 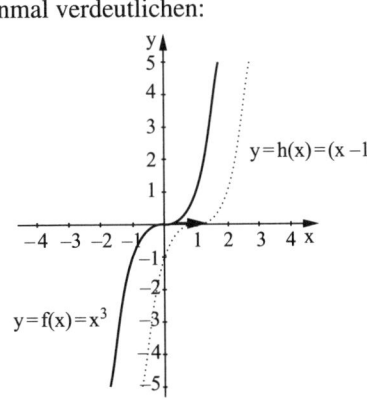

b) Das Vorgehen aus der Aufgabe a kann nun auf beliebige Funktionen übertragen werden.
Bei der Verschiebung um zwei Längeneinheiten entlang der x-Achse gibt es 2 Möglichkeiten:
1. Verschiebung nach rechts:
$f_1(x)$; $f_2(x) = f_1(x-2)$
Beispiele: $f_1(x) = x$ $f_2(x) = f_1(x-2) = x - 2$
$f_1(x) = x^2$ $f_2(x) = f_1(x-2) = (x-2)^2 = x^2 - 4x + 4$
$f_1(x) = 2^x$ $f_2(x) = f_1(x-2) = 2^{x-2} = 2^x \cdot 2^{-2} = \frac{1}{2^2} \cdot 2^x = \frac{1}{4} \cdot 2^x$

2. Verschiebung nach links:
$f_1(x)$; $f_2(x) = f_1(x+2)$
Beispiele: $f_1(x) = x$ $f_2(x) = f_1(x+2) = x + 2$
$f_1(x) = x^2$ $f_2(x) = f_1(x+2) = (x+2)^2 = x^2 + 4x + 4$
$f_1(x) = 3^x$ $f_2(x) = f_1(x+2) = 3^{x+2} = 3^x \cdot 3^2 = 9 \cdot 3^x$

Bei einer konstanten Funktion $f(x) = c$; $c \in \mathbb{R}$ stimmen $f_1(x)$ und $f_2(x)$ bei einer Verschiebung entlang der x-Achse überein, d. h. $f_1(x) = f_2(x)$.
Beispiel: $f_1(x) = f_2(x) = 2006$
Für die Lösung der Aufgaben reicht die Angabe jeweils eines Beispiels für f_1 und f_2.

c) Gegeben: $y = f(x) = 3^{ax} - 1$; $P(2; 2)$
Gesucht: a

Nach Einsetzen der Koordinaten von P erhält man:
$2 = 3^{2a} - 1$ $|+1$
$3 = 3^{2a}$

Die Lösung dieser Gleichung kann man durch Vergleich der Exponenten ablesen, denn:
$3^1 = 3^{2a}$
$1 = 2a$ $|:2$
$\underline{\underline{a = \frac{1}{2}}}$

Eine Probe bestätigt das Ergebnis.

d) Gegeben: $y = g(x) = \sqrt[3]{x^2}$; $x \geq 0$
Gesucht: Gleichung der Umkehrfunktion $\overline{g}$
Bestimmen der Umkehrfunktion:
g(x): $\quad y = \sqrt[3]{x^2} \quad |\ ()^3$; Umstellen nach x
$\quad\quad\quad y^3 = x^2 \quad |\ \sqrt{}$
$\quad\quad\quad \sqrt{y^3} = x$

Da laut Aufgabenstellung $x \geq 0$, kann hier auf den Betrag nach dem Wurzelziehen verzichtet werden; ansonsten gilt immer $\sqrt{x^2} = |x|$.

Der Austausch der Variablen liefert

$$\underline{\underline{y = \sqrt{x^3} = \overline{g}(x)}}$$

e) Gegeben: gleichschenkliges Dreieck ABC
$\overline{AB} = 2$ cm; $\sphericalangle BAC = 45°$
Gesucht: Schenkellängen des Dreiecks
Für die Lösung dieser Aufgabe gibt es zwei verschiedene Möglichkeiten:

1. Die Seite $\overline{AB}$ ist Basis des gleichschenkligen Dreiecks ABC.
Dann gilt:
$\quad a = b$
$\quad \sphericalangle BAC = \sphericalangle CBA = 45°$
$\quad \sphericalangle ACB = 90°$ nach Innenwinkelsumme

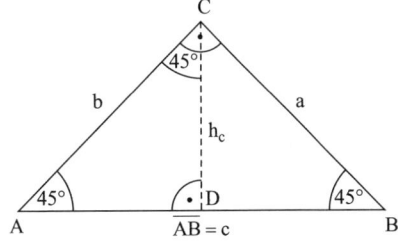

Nach Satz des Pythagoras im Dreieck ADC gilt:

$$b^2 = \left(\frac{1}{2}c\right)^2 + h_c^2$$

Es gilt $h_c = \frac{1}{2}c$; da das Dreieck ADC auch rechtwinklig gleichschenklig ist.

$b^2 = 2 \cdot \left(\frac{1}{2}c\right)^2$
$b^2 = 2 \cdot (1\ \text{cm})^2$
$b^2 = 2\ \text{cm}^2$
$\underline{\underline{b = \sqrt{2}\ \text{cm} = a}}$

2. Die Seite $\overline{AB}$ ist eine der gleichlangen Seiten im gleichschenkligen Dreieck ABC. Dann gilt:
c = b
a ist die Basis im gleichschenkligen Dreieck ABC

Somit ist $\underline{\underline{c = \overline{AB} = b = 2 \text{ cm}}}$

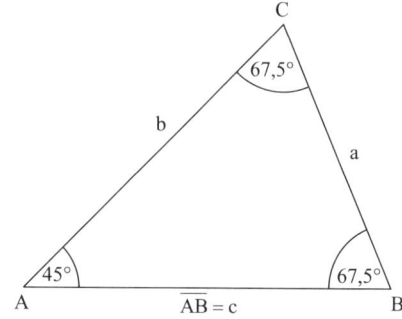

f) Gegeben: Parallelogramm a = 5 cm und b = 8 cm sowie Innenwinkel α = 60°
Gesucht: Flächeninhalt A des Parallelogramms, Länge der Diagonalen e und f

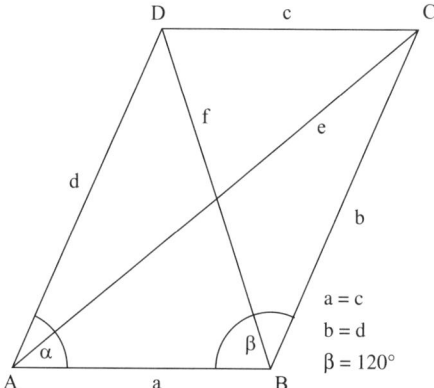

Der Flächeninhalt dieses Parallelogramms setzt sich aus den Flächeninhalten der beiden kongruenten Dreiecke ABD und BCD zusammen.

$A = 2 \cdot A_{Dreieck}$

$A = 2 \cdot \dfrac{1}{2} \cdot a \cdot d \cdot \sin \alpha$

$A = 2 \cdot \dfrac{1}{2} \cdot 5 \text{ cm} \cdot 8 \text{ cm} \cdot \sin 60°$

$A = 40 \cdot \dfrac{1}{2} \sqrt{3} \text{ cm}^2$

$\underline{\underline{A = 20\sqrt{3} \text{ cm}^2 \approx 34{,}64 \text{ cm}^2}}$

Zur Berechnung der Länge der Diagonalen e und f benutzt man den Kosinussatz für die entsprechenden Dreiecke ABC bzw. ABD:

$e^2 = a^2 + b^2 - 2ab \cdot \cos\beta$
$e^2 = (5\,\text{cm})^2 + (8\,\text{cm})^2 - 2 \cdot 5\,\text{cm} \cdot 8\,\text{cm} \cdot \cos 120°$
$e^2 = 129\,\text{cm}^2$
$\underline{\underline{e = \sqrt{129}\,\text{cm} \approx 11,4\,\text{cm}}}$

$f^2 = a^2 + d^2 - 2ad \cdot \cos\alpha$
$f^2 = (5\,\text{cm})^2 + (8\,\text{cm})^2 - 2 \cdot 5\,\text{cm} \cdot 8\,\text{cm} \cdot \cos 60°$
$f^2 = 49\,\text{cm}^2$
$\underline{\underline{f = 7\,\text{cm}}}$

g) In dieser Aufgabe zur Stochastik sollen die Wahrscheinlichkeiten von Ereignissen berechnet werden. Der Lehrer Justus wählt aus siebzehn Schülerinnen und dreizehn Schülern mit einem Zufallsgenerator einen Schüler aus. Da es dreißig Schüler in der Klasse sind beträgt die Wahrscheinlichkeit, dass ein bestimmter Schüler ausgewählt wird **immer** $\frac{1}{30}$.

Wahrscheinlichkeiten der Ereignisse:

$\underline{\underline{P(A) = \frac{1}{30} \approx 0,033}}$

Die Wahrscheinlichkeit, dass Emilia wieder an die Tafel muss, entspricht der Wahrscheinlichkeit, dass ein bestimmter Schüler ausgewählt wird. Dass sie bereits vorher an der Tafel war, spielt hierbei keine Rolle!

$\underline{\underline{P(B) = \frac{17}{30} \cdot \frac{13}{30} = \frac{221}{900} \approx 0,246}}$

17 Mädchen   13 Jungen   von 30 Schülern

$\underline{\underline{P(C) = \underbrace{\frac{17}{30} \cdot \frac{13}{30}}_{\substack{1.\,\text{Stunde}\\ \text{Mädchen +}\\ 2.\,\text{Stunde}\\ \text{Junge}}} + \underbrace{\frac{13}{30} \cdot \frac{17}{30}}_{\substack{1.\,\text{Stunde}\\ \text{Junge +}\\ 2.\,\text{Stunde}\\ \text{Mädchen}}} = \frac{442}{900} \approx 0,491}}$

Wird in der ersten Stunde ein Mädchen ausgewählt, so muss in der zweiten Stunde ein Junge genommen werden oder umgekehrt.

$$P(D) = \underbrace{\frac{17}{30} \cdot \frac{16}{30}}_{\text{Mädchen}} + \underbrace{\frac{13}{30} \cdot \frac{12}{30}}_{\text{Jungen}} = \frac{428}{900} \approx 0{,}476$$

In der ersten Stunde wird ein Mädchen und in der zweiten ein **anderes** Mädchen geprüft (Verringerung der „Auswahlmenge" um 1). Oder es wird in der ersten Stunde ein Junge und in der zweiten Stunde ein **anderer** Junge geprüft.

$$P(E) = \underbrace{\frac{30}{30}}_{\text{1. Stunde}} \cdot \underbrace{\frac{29}{30}}_{\text{2. Stunde}} \cdot \underbrace{\frac{2}{30}}_{\text{3. Stunde}} = \frac{58}{900} \approx 0{,}064$$

In der ersten Stunde wird ein(e) Schüler(in) geprüft, in der zweiten Stunde ein(e) **andere(r)** Schüler(in) (Verringerung der „Auswahlmenge" um 1). Einer der **beiden** Schüler(innen) aus der 1. bzw. 2 Stunde wird in der dritten Stunde geprüft.

Wahlaufgabe A1

a) Aus der Karte können folgende Angaben entnommen werden:
Gegeben: $\overline{BD} = 4{,}6$ km
$\sphericalangle ADB = \sphericalangle DBA = 44°$
$\sphericalangle BDC = 70°$
$\sphericalangle CBD = 55°$

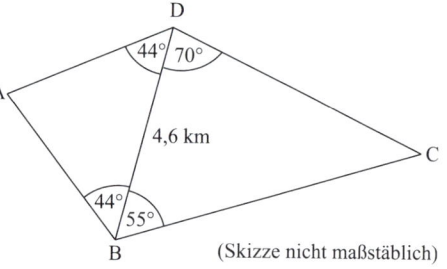

Für die Entscheidung, ob die Zeitvorgabe von sechs Stunden realistisch ist, sind zuerst die Längen der Teilstrecken  $\overline{AB}, \overline{BC}, \overline{CD}$ und $\overline{DA}$ zu berechnen.

(Skizze nicht maßstäblich)

Teilstrecke $\overline{AB}$:
Die Teilstrecke $\overline{AB}$ berechnet man mit dem Sinussatz im Dreieck ABD. Dafür benötigt man noch die Größe des Winkels $\sphericalangle BAD$, die man mit dem Innenwinkelsatz bestimmen kann:
$\sphericalangle BAD = 180° - 2 \cdot 44°$
$\sphericalangle BAD = 92°$

$$\frac{\overline{AB}}{\sin \sphericalangle ADB} = \frac{\overline{BD}}{\sin \sphericalangle BAD}$$

$$\overline{AB} = \frac{\overline{BD} \cdot \sin \sphericalangle ADB}{\sin \sphericalangle BAD}$$

$$\overline{AB} = \frac{4,6 \text{ km} \cdot \sin 44°}{\sin 92°}$$

$$\overline{AB} \approx 3,2 \text{ km}$$

Das Dreieck ABD ist gleichschenklig mit der Basis $\overline{BD}$. Somit ist $\overline{AB} = \overline{DA} \approx 3,2$ km.

Teilstrecken $\overline{BC}$ und $\overline{CD}$:

Die Teilstrecke $\overline{BC}$ berechnet man mit dem Sinussatz im Dreieck BCD. Analog gilt hier für den Winkel ∢BCD nach dem Innenwinkelsatz:

∢BCD = 180° − 55° − 70°
∢BCD = 55°

$$\frac{\overline{BC}}{\sin \sphericalangle BDC} = \frac{\overline{BD}}{\sin \sphericalangle BCD}$$

$$\overline{BC} = \frac{\overline{BD} \cdot \sin \sphericalangle BDC}{\sin \sphericalangle BCD}$$

$$\overline{BC} = \frac{4,6 \text{ km} \cdot \sin 70°}{\sin 55°}$$

$$\overline{BC} \approx 5,3 \text{ km}$$

Die Teilstrecke $\overline{CD}$ könnte man analog mit dem Sinussatz berechnen. Da aber die Winkel ∢CBD = ∢BCD = 55° sind, ist das Dreieck BCD auch gleichschenklig mit der Basis $\overline{BC}$. Somit ist
$\overline{BD} = \overline{CD} \approx 4,6$ km.

Für die Gesamtstrecke gilt nun:
u = $\overline{AB} + \overline{BC} + \overline{CD} + \overline{DA}$
u = 3,2 km + 5,3 km + 4,6 km + 3,2 km
u ≈ 16,3 km

Um diesen Weg zurückzulegen, benötigt die Gruppe mehr als 3 Stunden, da die Wandergeschwindigkeit mit 5 Kilometer pro Stunde angegeben wurde. Wenn nun noch 3 Stunden für die Arbeit an Stationen und die Pausen dazu kommen, ist die Zeitvorgabe von 6 Stunden **unrealistisch**.

b) Für die Berechnung der Entfernung $\overline{TU}$ sind folgende Größen bekannt:

Gegeben: $\overline{PQ} = 50$ m
∢QPT = 73°
∢TQP = 53°

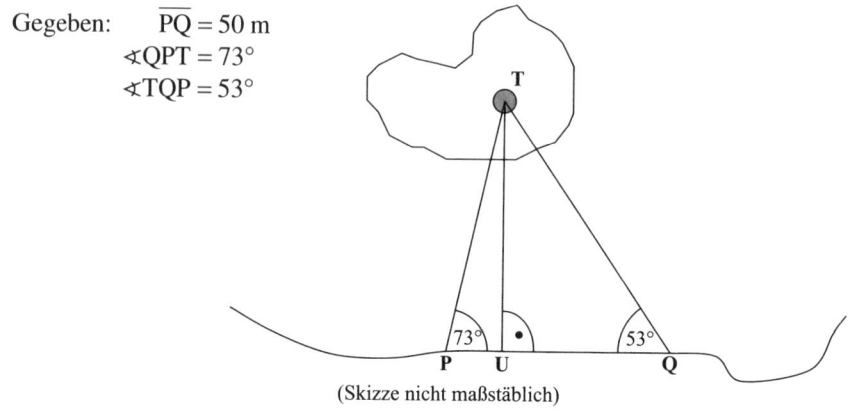

(Skizze nicht maßstäblich)

Die Dreiecke PUT und UQT sind beide rechtwinklig. Um die gesuchte Entfernung $\overline{TU}$ zu berechnen, kann man z. B. den Sinus im rechtwinkligen Dreieck PUT benutzen und es gilt:

Dreieck PUT: $\sin 73° = \dfrac{\overline{TU}}{\overline{PT}}$

Dafür benötigt man aber die Länge der Seite $\overline{PT}$. Diese erhält man mit dem Sinussatz im Dreieck PQT, nachdem man den Winkel ∢PTQ mithilfe des Innenwinkelsatzes berechnet hat.

∢PTQ = 180° − 73° − 53°
∢PTQ = 54°

$$\dfrac{\overline{PT}}{\sin ∢TQP} = \dfrac{\overline{PQ}}{\sin ∢PTQ}$$

$$\overline{PT} = \dfrac{\overline{PQ} \cdot \sin ∢TQP}{\sin ∢PTQ}$$

$$\overline{PT} = \dfrac{50 \text{ m} \cdot \sin 53°}{\sin 54°}$$

$\underline{\underline{\overline{PT} \approx 49,4 \text{ m}}}$

Damit ist
$\overline{TU} = \overline{PT} \cdot \sin 73°$
$\overline{TU} = 49,4 \text{ m} \cdot \sin 73°$
$\underline{\underline{\overline{TU} \approx 47,2 \text{ m}}}$

Der Turm hat einen Abstand von etwa 47,2 m zum Ufer.

Oder man rechnet analog im rechtwinkligen Dreieck UQT:

Dreieck UQT: $\sin 53° = \dfrac{\overline{TU}}{\overline{QT}}$

$\dfrac{\overline{QT}}{\sin \sphericalangle QPT} = \dfrac{\overline{PQ}}{\sin \sphericalangle PTQ}$

$\overline{QT} = \dfrac{\overline{PQ} \cdot \sin \sphericalangle QPT}{\sin \sphericalangle PTQ}$

$\overline{QT} = \dfrac{50 \text{ m} \cdot \sin 73°}{\sin 54°}$

$\overline{QT} \approx 59{,}1 \text{ m}$

Damit ist
$\overline{TU} = \overline{QT} \cdot \sin 53°$
$\overline{TU} = 59{,}1 \text{ m} \cdot \sin 53°$
$\underline{\underline{\overline{TU} \approx 47{,}2 \text{ m}}}$

c) Folgende Werte wurden bestimmt:
Gegeben: $\overline{RS} = 50 \text{ m}$
$\alpha = 67°$
$\beta = 37°$

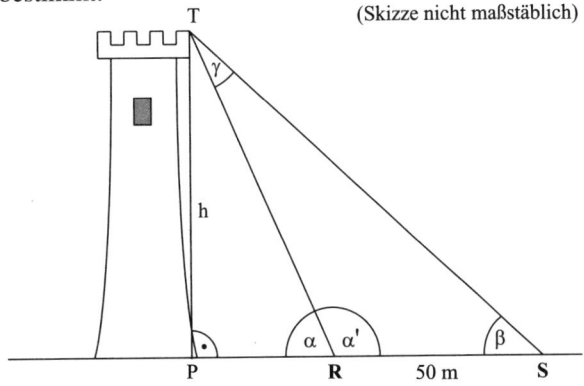

(Skizze nicht maßstäblich)

Die Höhe des Turmes $h = \overline{TP}$ lässt sich am einfachsten mit den Winkelbeziehungen im rechtwinkligen Dreieck, z. B. dem Dreieck PST berechnen. Dazu benötigt man die Länge der Seiten $\overline{ST}$, denn es gilt im Dreieck PST:

$\sin \beta = \dfrac{h}{\overline{ST}}$

Die Länge der Seite $\overline{ST}$ berechnet man mit dem Sinussatz im Dreieck RST.
Für den Winkel γ gilt nach dem Innenwinkelsatz:
γ = 180° − α' − β
wobei α' der Nebenwinkel von α ist
α' = 180° − α
α' = 180° − 67°
α' = 113°

Damit ist
γ = 180° − 113° − 37°
γ = 30°

$$\frac{\overline{ST}}{\sin \alpha'} = \frac{\overline{RS}}{\sin \gamma}$$

$$\overline{ST} = \frac{\overline{RS} \cdot \sin \alpha'}{\sin \gamma}$$

$$\overline{ST} = \frac{50 \text{ m} \cdot \sin 113°}{\sin 30°}$$

$$\overline{ST} \approx 92,1 \text{ m}$$

Damit ist
h = $\overline{ST} \cdot \sin \beta$
h = 92,1 m · sin 37°
h ≈ 55,4 m

Der Turm hat eine Höhe von ca. 55,4 m.

Oder man rechnet analog im rechtwinkligen Dreieck PRT:

$$\sin \alpha = \frac{h}{\overline{RT}}$$

$$\frac{\overline{RT}}{\sin \beta} = \frac{\overline{RS}}{\sin \gamma}$$

$$\overline{RT} = \frac{\overline{RS} \cdot \sin \beta}{\sin \gamma}$$

$$\overline{RT} = \frac{50 \text{ m} \cdot \sin 37°}{\sin 30°}$$

$$\overline{RT} \approx 60,2 \text{ m}$$

$h = \overline{RT} \cdot \sin \alpha$

$h = 60,2 \text{ m} \cdot \sin 67°$

$\underline{\underline{h \approx 55,4 \text{ m}}}$

d) Holzbestand $H_0 = 50\,000$ fm

Der Holzbestand nimmt jährlich um 3,5 % zu, es liegt ein exponentielles Wachstum vor.

$H_n = H_0 \cdot \left(1 + \dfrac{p}{100}\right)^n$

n ... Zeit in Jahren
p ... prozentualer Zuwachs
H_0 ... derzeitiger Holzbestand
H_n ... Holzbestand nach n Jahren

Holzbestand nach 4 bzw. 10 Jahren:

$H_4 = H_0 \cdot \left(1 + \dfrac{3,5}{100}\right)^4$

$H_4 = 50\,000 \text{ fm} \cdot 1,035^4$

$\underline{\underline{H_4 \approx 57\,376 \text{ fm}}}$

$H_{10} = H_0 \cdot \left(1 + \dfrac{3,5}{100}\right)^{10}$

$H_{10} = 50\,000 \text{ fm} \cdot 1,035^{10}$

$\underline{\underline{H_{10} \approx 70\,530 \text{ fm}}}$

Nach 4 Jahren ist der Holzbestand auf etwa 57 400 fm und nach 10 Jahren auf etwa 70 500 fm angewachsen.

Um den Holzbestand auf konstant 50 000 fm zu halten, muss man den jährlichen Zuwachs von 3,5 % einschlagen.

3,5 % von 50 000 fm $\stackrel{\triangle}{=}$ $\underline{\underline{1\,750 \text{ fm}}}$

Somit sind 1 750 fm jährlich einzuschlagen.

$1\,750 \text{ fm} : 300 \dfrac{\text{fm}}{\text{ha}} = 5,8\overline{3} \text{ ha} \approx \underline{\underline{6 \text{ ha}}}$

Damit ist eine Fläche von 6 ha im ersten Jahr einzuschlagen.

e) Im Fischzuchtbecken sind zwei Drittel aller Fische Forellen.
Damit ist die Wahrscheinlichkeit eine Forelle zu fangen
$P(\text{Forelle}) = \frac{2}{3}$.

Die Wahrscheinlichkeit, 3 Forellen zu fangen beträgt dann
$$P(3 \text{ Forellen}) = \left(\frac{2}{3}\right)^3 = \underline{\underline{\frac{8}{27}}} \approx 0,296$$

Gesucht ist nun die Wahrscheinlichkeit p, sodass beim Angelversuch mit einer Wahrscheinlichkeit von mehr als 50 % genau drei Forellen gefangen werden.
Mit dem oben beschriebenen Ansatz gilt:

$p^3 > 0,5 \qquad\qquad |\sqrt[3]{\ }$
$p > \sqrt[3]{0,5}$
$\underline{\underline{p > 0,794}}$

Somit müsste der Anteil der Forellen am gesamten Fischbestand wenigstens 80 % betragen, d. h. mindestens vier Fünftel der Fische müssten Forellen sein.

Wahlaufgabe A2

a) Gegeben: $y = f(x) = x^3$
$\qquad\qquad y = g(x) = -x^3$
$\qquad\qquad y = h(x) = x^{\frac{1}{3}}$

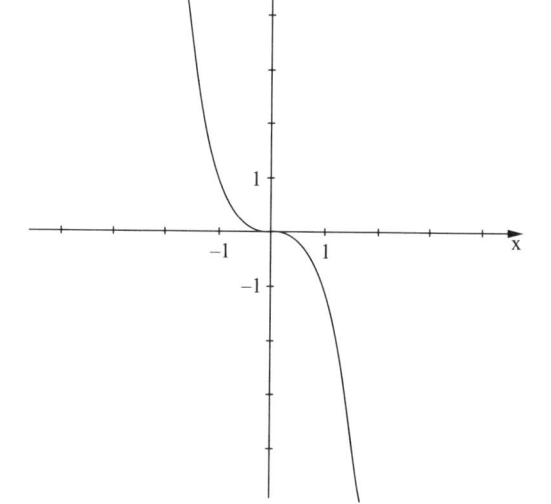

Wenn man die in der Abbildung dargestellte Funktion an der x-Achse spiegelt, erhält man die Darstellung der Funktion $y = f(x) = x^3$.

Eine Spiegelung an der x-Achse wird durch die Multiplikation des Funktionsterms mit der Zahl -1 erreicht.

Die dargestellte Funktion ist also $\underline{y = g(x) = -x^3}$.

Das Einzeichnen der anderen beiden Funktionen bestätigt das Ergebnis.
Als Hilfe dazu kann eine Wertetabelle angefertigt werden:

x	-2	$-1{,}5$	-1	0	1	$1{,}5$	2
$y = f(x) = x^3$	-8	$-3{,}4$	-1	0	1	$3{,}4$	8
$y = h(x) = x^{\frac{1}{3}}$		$x \geq 0\,!$		0	1	$1{,}15$	$1{,}3$

Die Funktion $y = h(x) = x^{\frac{1}{3}} = \sqrt[3]{x}$ ist nur für $x \geq 0$ definiert.

Die beiden Graphen lassen sich auch mit einer handelsüblichen Schablone für x^3 darstellen, bei $x^{\frac{1}{3}}$ braucht diese nur „umgeklappt" zu werden und $x \geq 0$ beachtet werden.

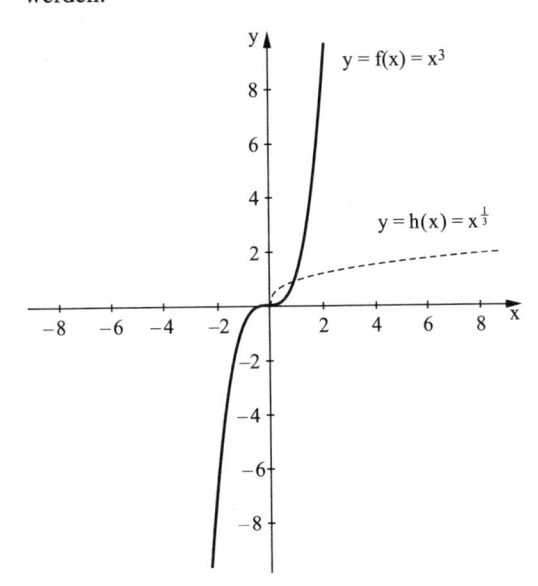

Gemeinsame Punkte:
$f(x) = h(x)$
$x^3 = x^{\frac{1}{3}}$ $\quad |\ (\ )^3$
$(x^3)^3 = \left(x^{\frac{1}{3}}\right)^3$ $\quad$ Nach Potenzgesetzen gilt $(a^m)^n = a^{m \cdot n}$
$x^9 = x$ $\quad |-x$
$x^9 - x = 0$ $\quad |\ x$ ausklammern
$x(x^8 - 1) = 0$

Ein Produkt wird null, wenn wenigstens ein Faktor null ist:
Fall 1: $x = 0$ $\qquad \underline{\underline{P_1(0;0)}}$

Fall 2: $x^8 - 1 = 0$
$\qquad x^8 = 1$ $\quad |\sqrt[8]{\ }$
$\qquad |x| = 1$
$\qquad x = 1$ $\qquad \underline{\underline{P_2(1;1)}}$

$x = -1 \qquad$ entfällt, da $x \geq 0$

Alle bereits durchgeführten Berechnungen und die grafische Darstellung verweisen darauf, dass die Funktion $h(x) = x^{\frac{1}{3}}$ für $x \geq 0$ die Umkehrfunktion von $f(x)$ ist.

b) Gegeben: $y = u(x) = 2 \sin x$
$\qquad\qquad y = v(x) = -\cos x$

Bei der Funktion $y = u(x) = 2 \sin x$ handelt es sich um eine bezüglich der Sinusfunktion $y = \sin x$ mit dem Parameter 2 in Richtung der y-Achse gestreckte Funktion.
Die Funktion $y = v(x) = -\cos x$ ist lediglich durch Spiegelung an der x-Achse aus der Funktion $y = \cos x$ hervorgegangen.
Eine Wertetabelle soll das nachträglich bestätigen:

x	$-\frac{3}{2}\pi$	$-\pi$	$-\frac{\pi}{2}$	0	$\frac{\pi}{2}$	π	$\frac{3}{2}\pi$
$y = u(x) = 2\sin x$	2	0	−2	0	2	0	−2
$y = v(x) = -\cos x$	0	1	0	−1	0	1	0

Grafische Darstellung:

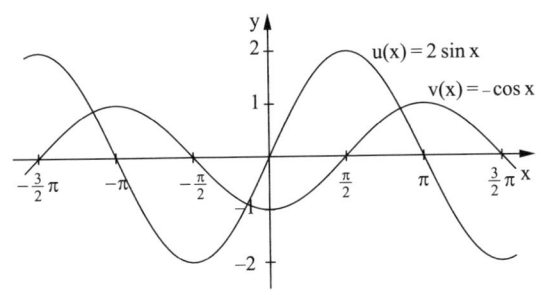

[Graph showing $u(x) = 2\sin x$ and $v(x) = -\cos x$]

Vergleich der Eigenschaften	$y = u(x) = 2\sin x$	$y = v(x) = -\cos x$
Wertebereich	$-2 \leq y \leq 2; y \in \mathbb{R}$	$-1 \leq y \leq 1; y \in \mathbb{R}$
kleinste Periode	2π	2π
Nullstellen	$-\pi; 0; \pi$	$-\frac{3}{2}\pi; -\frac{\pi}{2}; \frac{\pi}{2}; \frac{3}{2}\pi$

Gegeben: $y = u_a(x) = a \cdot \sin x$

$P\left(\frac{\pi}{4}; -\sqrt{2}\right)$

Man setzt die Koordinaten von P in die Funktionsgleichung von u_a ein und erhält:

$-\sqrt{2} = a \cdot \sin\frac{\pi}{4}$ \quad $\sin\frac{\pi}{4} = \frac{1}{2}\sqrt{2}$

$-\sqrt{2} = a \cdot \frac{1}{2}\sqrt{2}$ \quad $|:\sqrt{2}$

$-1 = \frac{1}{2}a$ \quad $|\cdot 2$

$\underline{\underline{a = -2}}$

Für $a = -2$ liegt der Punkt P auf dem Graphen von u_a, daher ist $u_a(x) = -2\sin x$.

c) $\log_2 \sqrt[3]{x} = 1$
$\underline{\underline{x = 8}}$

da:
$2^1 = \sqrt[3]{x}$
$2^1 = x^{\frac{1}{3}}$ $\quad |\,()^3$
$2^3 = x$

$2^{x+3} = \dfrac{1}{4}$
$2^{x+3} = 2^{-2}$
Damit ist
$x + 3 = -2$ $\quad |-3$
$\underline{\underline{x = -5}}$

Es gilt:
$\dfrac{1}{4} = 4^{-1} = (2^2)^{-1} = 2^{-2}$

d) Gegeben: Dreieck ABC

$\overline{AM} = \overline{MB} = r$; d. h. $\overline{AB} = 2r$

Fällt man von C aus das Lot auf die Seite $\overline{AB}$, so schneidet dieses Lot die Seite $\overline{AB}$ in D und die Strecke $\overline{CD}$ ist die Höhe h auf der Seite $\overline{AB}$ des Dreiecks ABC.

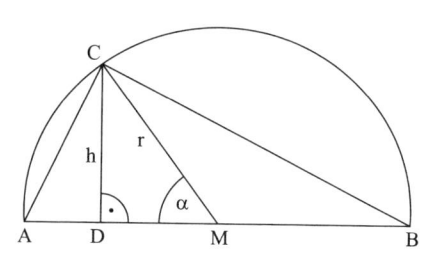

Für den Flächeninhalt gilt:
$A = \dfrac{1}{2} g \cdot h_g$
$A = \dfrac{1}{2} \cdot 2r \cdot r \cdot \sin\alpha$
$\underline{\underline{A = r^2 \cdot \sin\alpha}}$

Es ist $\quad g = \overline{AB} = 2r$

und es gilt: $\sin\alpha = \dfrac{h}{r}$
$h = r \cdot \sin\alpha = h_g$

e) Da es bei jeder Aufgabe vier Auswahlmöglichkeiten gibt, ist die Wahrscheinlichkeit p eine Frage richtig zu beantworten gleich $p = \frac{1}{4}$. Der Test besteht aber aus zehn Aufgaben.
Somit ist

$$P(10 \text{ Aufgaben richtig}) = p^{10}$$
$$= \left(\frac{1}{4}\right)^{10}$$
$$= \frac{1}{1\,048\,576} \approx 9{,}5 \cdot 10^{-7}$$

Besondere Leistungsfeststellung Thüringen 10. Klasse Mathematik 2007

Pflichtaufgabe

Ein Schulbuchverlag bittet eine Referendarin, Aufgaben für ein neues Mathematiklehrbuch der zehnten Klasse zusammenzustellen.
Sie reicht folgende drei Aufgaben ein. Lösen Sie diese Aufgaben!

a) Gegeben seien die Funktionen f und g durch ihre Gleichungen
$$y = f(x) = \frac{1}{x-1}, \quad y = g(x) = \frac{1}{x^2}.$$
Geben Sie für f und g jeweils den maximalen Definitionsbereich an!
Skizzieren Sie die Graphen von f und g in ein gemeinsames Koordinatensystem!
Weisen Sie rechnerisch nach, dass die Graphen keinen gemeinsamen Punkt besitzen!
Geben Sie einen Definitionsbereich für die Funktion g an, für den eine Umkehrfunktion existiert!
Ermitteln Sie eine Funktionsgleichung für diese Umkehrfunktion! (8 BE)

b) Gegeben sei ein Dreieck ABC mit den Seiten $\overline{AB} = c = 13$ cm, $\overline{AC} = b = 14$ cm und $\overline{BC} = a = 15$ cm.
Berechnen Sie die Größen der Innenwinkel dieses Dreiecks!
Wie groß ist die zur Seite $b = \overline{AC}$ gehörende Höhe h_b?
In welche Teilwinkel teilt diese Höhe den Innenwinkel $\beta = \angle CBA$? (7 BE)

c) Frau Blumenstock geht bei Regenwetter mit einer Wahrscheinlichkeit von 20 % in ihren Garten; wenn es nicht regnet jedoch mit einer Wahrscheinlichkeit von 95 %.

1. Für den kommenden Tag wird eine Regenerwartung von 80 % prognostiziert.
   Mit welcher Wahrscheinlichkeit wird Frau Blumenstock an diesem Tag in ihrem Garten sein?

2. Bei welcher Regenwahrscheinlichkeit ist sie mit einer Wahrscheinlichkeit von 50 % in ihrem Garten? (5 BE)

Wahlaufgabe A1

Ein Schausteller betreibt vier Stände, einen mit einem Glücksrad, einen mit Zielwurf, einen mit Würfeln und einen mit einem Wissenstest.

a) Wie viele Möglichkeiten hat er, diese vier Stände anzuordnen?
   Wie viele Möglichkeiten hat er, wenn der Zielwurf an zweiter Stelle stehen soll? (2 BE)

b) Das Glücksrad ist in zwölf gleich große Sektoren geteilt, die mit den Ziffern Eins bis Zwölf beschriftet sind. Es wird zweimal gedreht.
   Welche Wahrscheinlichkeiten haben folgende Ereignisse:
   A := „Man erhält beide Male eine gerade Zahl."
   B := „Man erhält zwei unterschiedliche Zahlen."
   C := „Man erhält beide Male eine zweistellige Zahl."
   D := „Das Produkt beider Zahlen beträgt 36."
   Formulieren Sie ein Ereignis, dessen Wahrscheinlichkeit $\frac{1}{6}$ beträgt! (6 BE)

c) An der Würfelstation darf man mit vier Würfeln gleichzeitig würfeln. Wie groß ist die Wahrscheinlichkeit, dabei die Augensumme 23 zu erzielen? (2 BE)

d) Walpurga hat die Augenzahlen Eins, Zwei, Drei und Vier gewürfelt und freut sich, dass jeder Würfel die Augenzahl anzeigt, die seiner Nummer entspricht (s. Skizze).

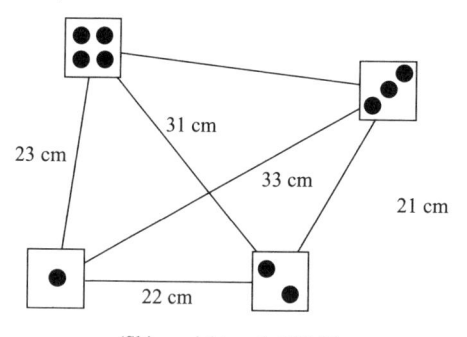

(Skizze nicht maßstäblich)

Würfel Eins ist von Würfel Zwei 22 cm, von Würfel Drei 33 cm und von Würfel Vier 23 cm entfernt. Würfel Zwei ist von Würfel Drei 21 cm und von Würfel Vier 31 cm entfernt.
Wie weit sind die Würfel Drei und Vier voneinander entfernt? (6 BE)

e) An der Station „Wissenstest" bekommt man vier Karten mit Funktionsgraphen und soll die Funktionsgleichungen zuordnen.

1

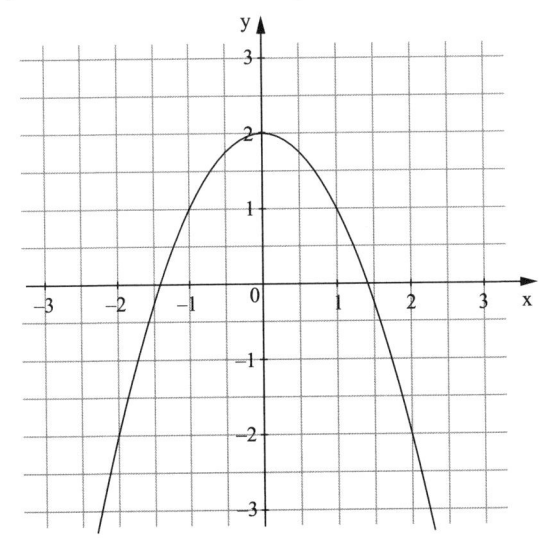

2

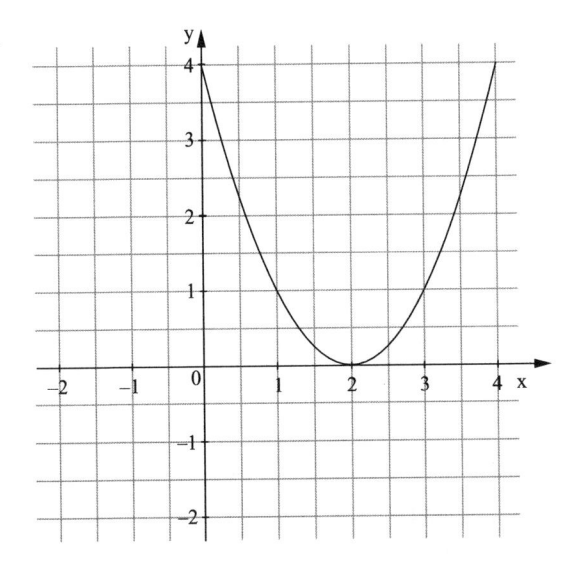

3

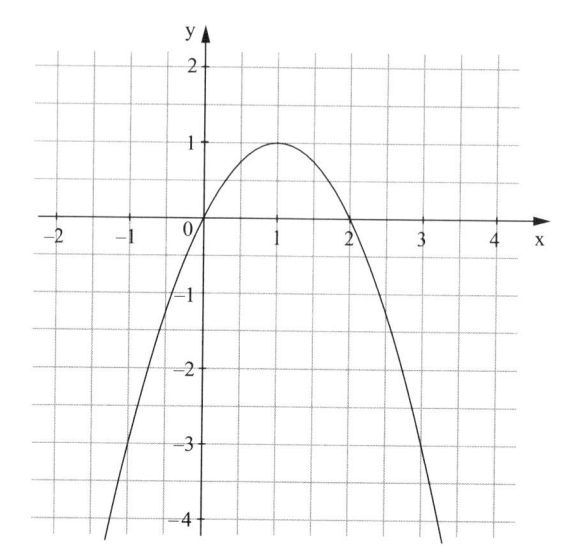

4

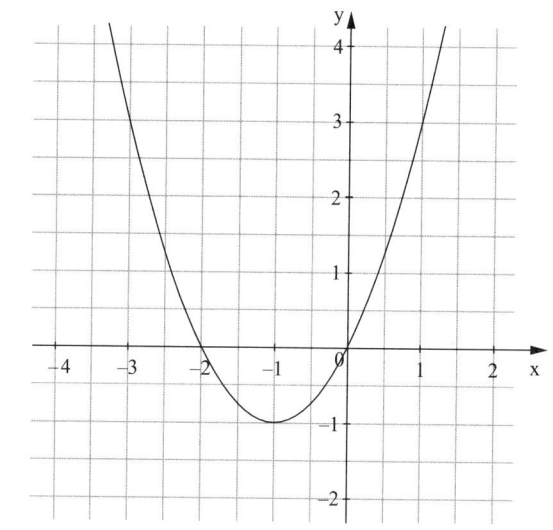

$y = f(x) = x^2 + 2x$ $\quad\quad y = g(x) = -x^2 + 2x$
$y = h(x) = -x^2 + 2$ $\quad\quad y = i(x) = (x-2)^2$

Ordnen Sie die Gleichungen den Graphen zu und zeigen Sie, dass die Funktion g und h genau einen Punkt gemeinsam haben! Geben Sie die Koordinaten dieses Punktes an! (4 BE)

Wahlaufgabe A 2

Für den Bau des Schleppliftes einer Sommerrodelbahn lässt die Stadt S Messungen mit folgenden Ergebnissen vornehmen:

$\overline{TS} = 820,0$ m, $\alpha = 14°$, $\beta = 170°$, $\gamma = 4°$

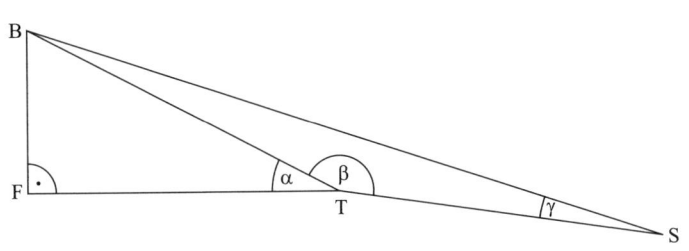

(Skizze nicht maßstäblich)

a) Berechnen Sie die Länge des Schleppliftes entlang der Strecke $\overline{BT}$!
Ermitteln Sie, welchen Höhenunterschied h der Schlepplift überwindet!
Konstruieren Sie das Viereck BFTS in einem geeigneten Maßstab und geben Sie diesen an!
Die Geschwindigkeit des Schleppliftes ist so eingestellt, dass er in zehn Sekunden zwölf Meter zurücklegt.
Wie lange wird die Fahrt von der Talstation T bis zur Bergstation B dauern? Geben Sie das Ergebnis auch in Minuten an! (9 BE)

b) Laut Angaben eines Planungsbüros werden für den Bau der Rodelbahn 1,4 Millionen Euro benötigt. 60 % der erforderlichen Summe werden aus Fördermitteln des Landes gezahlt. Den Restbetrag muss die Stadt selbst aufbringen. Zu diesem Zweck wurden vor zehn Jahren 350 000 € fest angelegt. Während der gesamten zehn Jahre wurde nichts abgehoben.
Zu welchem Zinssatz hätte das Geld vor zehn Jahren mindestens angelegt werden müssen, um jetzt den erforderlichen Restbetrag ausgezahlt zu bekommen?
Würde die Stadt den erforderlichen Betrag auch dann erhalten, wenn vor zehn Jahren folgende Vereinbarungen getroffen worden wäre: Der Betrag von 350 000 € wird für zehn Jahre fest angelegt. In den ersten fünf Jahren beträgt der Zinssatz 3 %, in den nächsten fünf Jahren 6 %.
Begründen Sie Ihre Entscheidung! (5 BE)

c) Auf der Baustelle befindet sich ein aufgeschütteter Kieshaufen in Form eines Kegels mit dem Radius r = 12 m und der Höhe h = 9 m.

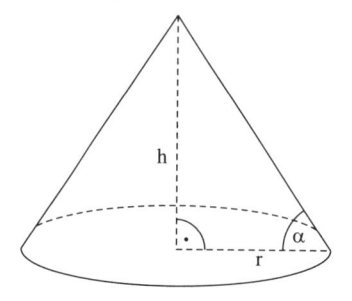

(Skizze nicht maßstäblich)

Ein Kubikdezimeter des Materials hat eine Masse von 1,6 kg.
Wie viele Tonnen wiegt der Kieshaufen?
Berechnen Sie den Schüttwinkel α!
Für den Bau soll noch einmal die gleiche Menge Kies angeliefert und auf den bereits bestehenden Kegel geschüttet werden. Die Größe des Schüttwinkels α ändert sich dabei nicht. Der zur Verfügung stehende Platz würde einen Kegelradius von 15 m ermöglichen.
Reicht der zur Verfügung stehende Platz aus?

(6 BE)

Tipps und Hinweise zu den Lösungen

Die folgenden Tipps verraten Ihnen zum Teil schrittweise den Lösungsweg. Lesen Sie also den zweiten Tipp erst, wenn Sie mit dem ersten nicht weiterkommen usw.

Pflichtaufgabe

a)

- Bei der Bestimmung des Definitionsbereiches ist zu beachten, dass eine Division durch null nicht möglich ist, d. h., der Nenner darf nicht null werden.

- Wiederholen Sie ihre Kenntnisse über die Graphen der Funktionen $y = x^{-1} = \frac{1}{x}$ und $y = x^{-2} = \frac{1}{x^2}$.

- Für die Skizze der Graphen ist eine Wertetabelle hilfreich.

- Die Abszissen (x-Werte) der eventuell vorhandenen gemeinsamen Punkte bestimmt man durch das Lösen der Gleichung, nachdem man die Funktionsterme gleich gesetzt hat.

- Eine Umkehrfunktion existiert nur dann, wenn die Funktion in einem Intervall eineindeutig bzw. streng monoton ist.

- Eine Gleichung der Umkehrfunktion $\bar{g}$ erhält man, wenn man die Gleichung der Ausgangsfunktion g nach x umstellt und dann die Variablen x und y vertauscht.

b)

- Fertigen Sie eine Skizze an, in die Sie die gegebenen und gesuchten Größen einzeichnen.

- Benutzen Sie für die Berechnung des ersten Innenwinkels den Kosinussatz und berechnen Sie den Winkel, der der größten Seite im Dreieck gegenüberliegt.

- Für den zweiten Winkel benutzen Sie den Sinussatz.

- Eine Höhe im Dreieck steht senkrecht auf der Grundseite und erzeugt zwei rechtwinklige Teildreiecke. In jedem dieser rechtwinkligen Dreiecke sind zwei Innenwinkel bekannt.

c)

- Fertigen Sie ein Baumdiagramm für ein zweistufiges Zufallsexperiment an und beachten Sie die Unterschiede in den Aussagen: „Frau Blumenstock **geht** in ihren Garten" und „Frau Blumenstock **ist** in ihrem Garten".

Wahlaufgabe A1

a)

Wiederholen Sie ihre Kenntnisse über die verschiedene Anordnung von k Elementen ohne Wiederholung.

b)

Die Wahrscheinlichkeit, dass man einen bestimmten Sektor erhält, beträgt $\frac{1}{12}$.

Es handelt sich hierbei um ein zweistufiges Zufallsexperiment.

Hier kann auf das Baumdiagramm verzichtet werden, wenn man beachtet, dass die gesuchten Wahrscheinlichkeiten als Produkt der Wahrscheinlichkeiten der Ereignisse für einen Versuchsausgang je Drehung berechnet werden.

c)

Überlegen Sie zunächst, wie viele Möglichkeiten man erhält, wenn man mit vier Würfeln würfelt.

Die maximale Augensumme bei viermaligem Würfeln beträgt 24.

d)

Fertigen Sie zunächst eine Skizze an, ersetzen Sie die Würfel durch die Eckpunkte eines Vierecks und benennen Sie diese mit Buchstaben. Tragen Sie die gegebenen Größen ein.

Stellen Sie einen Lösungsplan auf, um die gesuchte Entfernung zu berechnen, nutzen Sie dafür den Kosinussatz und entscheiden Sie, welcher Winkel dafür noch zu berechnen ist.

Suchen Sie nach Möglichkeiten, um Teilwinkel zu berechnen.

e)

Wiederholen Sie ihre Kenntnisse über den Einfluss der Parameter a, c, d und e auf die Funktion $y = x^2$ für die folgenden Fälle:

$y = a \cdot x^2$ mit $a = -1$ $y = a \cdot x^2 + c$ mit $a = -1$ $y = (x - d)^2 + e$

Dabei wird bei $a = -1$ der Graph der Normalparabel $y = x^2$ an der x-Achse gespiegelt, der Parameter c bewirkt eine Verschiebung um c-Einheiten entlang der y-Achse und der Graph der Funktion $y = (x - d)^2 + e$ hat die Scheitelpunktkoordinaten $S(d | e)$.

Die Abszissen (x-Werte) der gemeinsamen Punkte bestimmt man durch das Lösen der Gleichung, nachdem man die Funktionsterme gleichgesetzt hat.

Den fehlenden y-Wert erhält man durch Einsetzen der Lösung für x in den Funktionsterm von g oder h.

Wahlaufgabe A2

a)

- Bestimmen Sie für die Berechnung der Strecke $\overline{BT}$ im Dreieck BTS den fehlenden Innenwinkel und nutzen Sie den Sinussatz.
- Der Höhenunterschied $h = \overline{BF}$ ist eine Seite im rechtwinkligen Dreieck FTB.
- Der Maßstab ist das Verhältnis der Streckenlänge in der Konstruktion (Bild) zur Streckenlänge in der Natur (Original). Beachten Sie die Umrechnungen der Einheiten der Länge.
- Beginnen Sie bei der Konstruktion mit der Seite $\overline{TS}$ und tragen Sie daran die entsprechenden Winkel an.
- Die Geschwindigkeit ist der Quotient aus dem zurückgelegten Weg und der dafür benötigten Zeit.
- Stellen Sie die Formel der Geschwindigkeit $v = \frac{s}{t}$ nach t um.
- Beachten Sie, dass die Dezimalangabe einer Zeit nicht im Zehnersystem erfolgt, d. h. 0,1 Minute $= \frac{1}{10}$ Minute $= \frac{1}{10} \cdot 60$ Sekunden $= 6$ Sekunden.

b)

- Bestimmen Sie zunächst den Restbetrag, das sind 40 % der Gesamtsumme von 1,4 Millionen Euro.
- Bei der ersten Sparmöglichkeit liegt ein exponentielles Wachstum vor.
- Stellen Sie die Wachstumsgleichung auf und stellen Sie diese nach dem Zinssatz p um.
- Berechnen Sie bei der zweiten Sparmöglichkeit jeweils das Guthaben nach 5 Jahren mit dem entsprechenden Zinssatz. Beachten Sie hierbei auch die Zinseszinsen.

c)

- Berechnen Sie zunächst das Volumen des Kieshaufens, der die Form eines Kreiskegels hat, in der Einheit Kubikmeter m^3.
- Wandeln Sie das Ergebnis von m^3 in dm^3 um, dabei gilt: $1\ m^3 = 1\ 000\ dm^3$.
- Berechnen Sie damit die Masse des Kieshaufens und wandeln Sie das Ergebnis in die Einheit Tonnen um, hier gilt: $1\ 000\ kg = 1\ t$.
- Der Schüttwinkel α ist Innenwinkel in einem rechtwinkligen Dreieck mit den Katheten r und h.

- Um eine Entscheidung zu treffen, ob der Platz ausreichend ist, muss man beachten, dass sich der Schüttwinkel α nicht ändert und somit eine maßstäbliche Vergrößerung des Kreiskegels vorliegt.
- Es liegt eine Vergrößerung mit dem Faktor $k = \frac{r_2}{r_1}$ vor.
- Das Volumen wird um den Faktor k^3 vergrößert.
- Für eine Berechnung benötigt man die neue Höhe h_2.
- Die Höhe h_2 kann durch den konstanten Tangens des Schüttwinkels α berechnet werden bzw. mittels Proportionalität der Größen Radius und Höhe.
- Vergleichen Sie die Volumina und treffen Sie eine Entscheidung.

Lösungen

Pflichtaufgabe

a) Gegeben: $y = f(x) = \dfrac{1}{x-1}$

$y = g(x) = \dfrac{1}{x^2}$

Bei der Angabe des Definitionsbereiches der Funktionen f und g sind diejenigen Argumente x auszuschließen, die beim Einsetzen in den Nenner des Funktionstermes den Wert null ergeben, da eine Division durch null nicht definiert ist.

$DB_f = \{x : x \in \mathbb{R}; x \neq 1\}$
$DB_g = \{x : x \in \mathbb{R}; x \neq 0\}$

Für das Einzeichnen der Funktionen f und g in ein gemeinsames Koordinatensystem kann eine Wertetabelle hilfreich sein.

x	-2	-1	$-\dfrac{1}{2}$	0	$\dfrac{1}{2}$	1	2	3
$f(x) = \dfrac{1}{x-1}$	$-\dfrac{1}{3}$	$-\dfrac{1}{2}$	$-\dfrac{2}{3}$	-1	-2	n. d.	1	$\dfrac{1}{2}$
$g(x) = \dfrac{1}{x^2}$	$\dfrac{1}{4}$	1	4	n. d.	4	1	$\dfrac{1}{4}$	$\dfrac{1}{9}$

Grafische Darstellung:

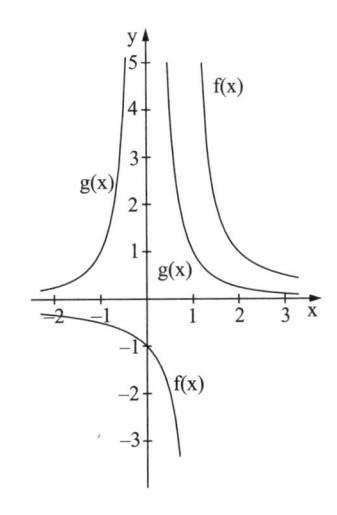

Bei der Funktion f handelt es sich um eine Hyperbel der Potenzfunktion $y = x^{-1} = \frac{1}{x}$, die um eine Einheit nach rechts verschoben wird. Bei der Funktion g handelt es sich um die Darstellung der Potenzfunktion $y = x^{-2} = \frac{1}{x^2}$.
Beide Graphen lassen sich natürlich auch ohne Wertetabelle einfach darstellen.

Für die Berechnung gemeinsamer Punkte setzt man die Funktionsterme gleich.
$f(x) = g(x)$
$\frac{1}{x-1} = \frac{1}{x^2}$ | Multiplikation mit dem Hauptnenner oder Reziprokbildung
$x - 1 = x^2$ | $-x + 1$

$0 = x^2 - x + 1$
Das Lösen dieser quadratischen Gleichung führt zu folgendem Widerspruch:
$x_{1;2} = \frac{1}{2} \pm \sqrt{\frac{1}{4} - 1}$

Da $\frac{1}{4} - 1 = -\frac{3}{4}$ und der Radikand (Wert unter der Wurzel) somit kleiner null ist, hat diese Gleichung keine Lösung. Damit wird nachgewiesen, dass die Graphen keine gemeinsamen Punkte besitzen.

Um den Definitionsbereich der Umkehrfunktion $\bar{g}$ der Funktion g zu bestimmen, sind einige Vorüberlegungen notwendig.
Eine Funktion besitzt nur dann eine Umkehrfunktion, wenn diese in ihrem maximalen Definitionsbereich eineindeutig (umkehrbar eindeutig) ist, bzw. streng monoton (steigend oder fallend) ist.
Das ist bei der Funktion $g(x) = \frac{1}{x^2}$ nicht der Fall. So gibt es z. B. zum Funktionswert $y = 4$ zwei Argumente, $x_1 = \frac{1}{2}$ und $x_2 = -\frac{1}{2}$.
Man muss somit die Funktion g in zwei Teilfunktionen trennen, um deren Umkehrfunktion $\bar{g}$ zu ermitteln.
$g_1(x) = \frac{1}{x^2}$; $x > 0$ und $g_2(x) = \frac{1}{x^2}$; $x < 0$
Für die weiteren Berechnungen legt man den Definitionsbereich
$DB_{\bar{g}} = \{x : x \in \mathbb{R}; x > 0\}$ zugrunde.

Möglich wäre auch $DB_{\bar{g}} = \{x : x \in \mathbb{R}; x < 0\}$.

Gegeben: $y = g(x) = \frac{1}{x^2}$; $x > 0$
Gesucht: Gleichung der Umkehrfunktion $\bar{g}$

Bestimmen der Umkehrfunktion:

g(x): $\quad y = \dfrac{1}{x^2} \quad |\cdot x^2$

$\qquad x^2 \cdot y = 1 \quad |:y, \; y>0 \text{ da } x>0$

$\qquad x^2 = \dfrac{1}{y} \quad |\sqrt{}$

$\qquad x = \sqrt{\dfrac{1}{y}}$

Da laut Definitionsbereich $x>0$, kann hier auf den Betrag nach dem Wurzelzeichen verzichtet werden; ansonsten gilt immer $\sqrt{x^2} = |x|$.

Das Vertauschen der Variablen liefert

$$y = \sqrt{\dfrac{1}{x}} = \overline{g}(x); \quad x > 0.$$

b) Gegeben: Dreieck ABC
$\qquad\qquad\qquad \overline{AB} = c = 13 \text{ cm}$
$\qquad\qquad\qquad \overline{AC} = b = 14 \text{ cm}$
$\qquad\qquad\qquad \overline{BC} = a = 15 \text{ cm}$

Gesucht: Größe der Innenwinkel α, β, γ
$\qquad\qquad$ Höhe h_b auf der Seite $b = \overline{AC}$
$\qquad\qquad$ Teilwinkel β_1 und β_2

Skizze:

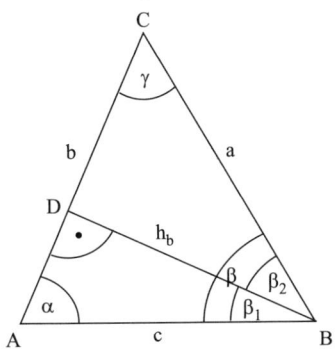

Den ersten Innenwinkel berechnet man mit dem Kosinussatz, dabei beginnt man mit dem Winkel, der der größten Seite im Dreieck gegenüberliegt.
Damit ist abgesichert, dass bei der weiteren Berechnung mit dem Sinussatz stets der spitze Winkel als Ergebnis in Betracht kommt.

$$a^2 = b^2 + c^2 - 2bc \cdot \cos\alpha \quad |+2bc \cdot \cos\alpha$$
$$a^2 + 2bc \cdot \cos\alpha = b^2 + c^2 \quad |-a^2$$
$$2bc \cdot \cos\alpha = b^2 + c^2 - a^2 \quad |:(2bc)$$
$$\cos\alpha = \frac{b^2 + c^2 - a^2}{2bc}$$
$$\cos\alpha = \frac{(14\,\text{cm})^2 + (13\,\text{cm})^2 - (15\,\text{cm})^2}{2 \cdot 14\,\text{cm} \cdot 13\,\text{cm}}$$
$$\underline{\underline{\alpha \approx 67,4°}}$$

Einen weiteren Innenwinkel berechnet man nun mit dem Sinussatz.

$$\frac{\sin\gamma}{c} = \frac{\sin\alpha}{a}$$
$$\sin\gamma = \frac{c \cdot \sin\alpha}{a}$$
$$\sin\gamma = \frac{13\,\text{cm} \cdot \sin 67,4°}{15\,\text{cm}}$$
$$\underline{\underline{\gamma \approx 53,1°}}$$

Den fehlenden Innenwinkel β berechnet man mittels der Summe der Innenwinkel im Dreieck.

$$\alpha + \beta + \gamma = 180°$$
$$\beta = 180° - \alpha - \gamma$$
$$\beta = 180° - 67,4° - 53,1°$$
$$\underline{\underline{\beta \approx 59,5°}}$$

Da die Höhe h_b im Höhenfußpunkt D senkrecht auf der Seite b steht, erhält man zwei rechtwinklige Dreiecke ABD und BCD.

Im rechtwinkligen Dreieck ABD gilt:

$$\sin\alpha = \frac{h_b}{c} \qquad |\cdot c$$
$$h_b = c \cdot \sin\alpha$$
$$h_b = 13\,\text{cm} \cdot \sin 67,4°$$
$$\underline{\underline{h_b \approx 12\,\text{cm}}}$$

In diesem Dreieck gilt für die Innenwinkel:
$$\alpha + \beta_1 + 90° = 180°$$
$$\beta_1 = 90° - \alpha$$
$$\beta_1 \approx 90° - 67,4°$$
$$\underline{\underline{\beta_1 \approx 22,6°}}$$

Da $\beta_1 + \beta_2 = \beta$ ergibt, ist $\underline{\underline{\beta_2 \approx 36,9°}}$.

c) Für die Lösung dieser Aufgabe benennt man folgende Ereignisse:
R: = „Es ist Regenwetter"
$\overline{R}$: = „Es regnet nicht"
G: = „Frau Blumenstock geht in den Garten".
Bei Regen ist P(G) = 0,2, ansonsten ist P(G) = 0,95, wenn es nicht regnet.

1. Die Regenerwartung liegt bei 80 %, d. h.
P(R) = 0,80 bzw. P($\overline{R}$) = 0,20.
Somit lässt sich das folgende Baumdiagramm aufstellen:

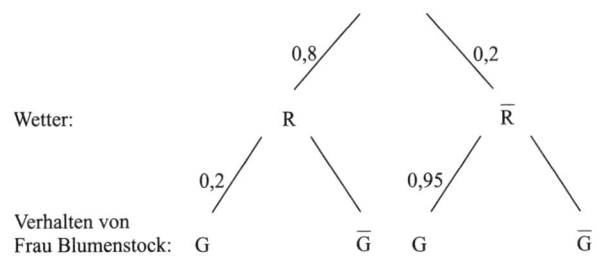

```
                    0,8 /        \ 0,2
Wetter:               R              R̄
              0,2 /    \      0,95 /    \
Verhalten von
Frau Blumenstock: G     Ḡ      G         Ḡ
```

Es ist die Wahrscheinlichkeit gesucht, dass Frau Blumenstock in ihrem Garten **ist**. Sie muss also unabhängig vom Wetter in den Garten **gegangen sein**.

$$P(\text{Frau Blumenstock ist im Garten}) = P(RG; \overline{R}G)$$
$$= 0,8 \cdot 0,2 + 0,2 \cdot 0,95$$
$$= 0,16 + 0,19$$
$$= \underline{\underline{0,35}}$$

2. Gesucht ist jetzt die Wahrscheinlichkeit $P(R) = p$ für die Regenerwartung. Dann ist $P(\overline{R}) = 1 - p$. Bekannt ist, dass Frau Blumenstock auf jeden Fall mit einer Wahrscheinlichkeit von 0,5 in ihrem Garten **ist**.

Das Baumdiagramm sieht nun folgendermaßen aus:

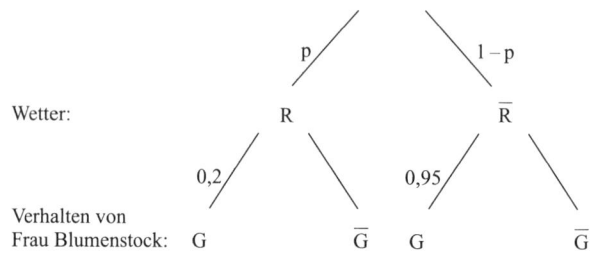

Wetter: R $\overline{R}$ mit Wahrscheinlichkeiten p und $1-p$

Verhalten von Frau Blumenstock: G mit 0,2 unter R, $\overline{G}$; G mit 0,95 unter $\overline{R}$, $\overline{G}$

$P(\text{Frau Blumenstock ist im Garten}) = 0,5$
$P(RG; \overline{R}G) = 0,5$
$p \cdot 0,2 + (1-p) \cdot 0,95 = 0,5$
$0,2p + 0,95 - 0,95p = 0,5$
$-0,75p + 0,95 = 0,5 \quad | -0,95$
$-0,75p = -0,45 \quad | :(-0,75)$
$\underline{\underline{p = 0,6}}$

Frau Blumenstock ist also bei einer Regenerwartung von 60 % mit einer Wahrscheinlichkeit von 50 % in ihrem Garten.

Wahlaufgabe A1

a) Die vier Stände lassen sich auf
$4! = 4 \cdot 3 \cdot 2 \cdot 1 = \underline{\underline{24}}$
verschiedene Arten anordnen.

Falls der Zielwurf an zweiter Stelle steht, gibt es für die erste Stelle drei Möglichkeiten der Verteilung der Stände, für die dritte Stelle kann aus den zwei verbleibenden Ständen noch gewählt werden.

Es gibt also $3 \cdot 1 \cdot 2 \cdot 1 = \underline{\underline{6}}$ Möglichkeiten.

b) Das Glücksrad ist in zwölf gleich große Sektoren geteilt. Somit ist das Erhalten einer der Zahlen 1 bis 12 gleichverteilt mit der Wahrscheinlichkeit von $\frac{1}{12}$. Beim zweimaligen Drehen handelt es sich hier um ein zweistufiges Zufallsexperiment.

$$P(A) = \frac{6}{12} \cdot \frac{6}{12} = \frac{1}{2} \cdot \frac{1}{2} = \underline{\underline{\frac{1}{4}}}$$

\\ //
Unter den Zahlen 1 bis 12 gibt es 6 gerade Zahlen.

$$P(B) = 1 \cdot \frac{11}{12} = \underline{\underline{\frac{11}{12}}}$$

/ \\

Es spielt keine Rolle, welche Zahl als erstes erscheint. (Sicheres Ereignis)

Die erstgedrehte Zahl darf nicht mehr erscheinen, es bleiben 11 aus 12 Zahlen.

$$P(C) = \frac{3}{12} \cdot \frac{3}{12} = \frac{1}{4} \cdot \frac{1}{4} = \underline{\underline{\frac{1}{16}}}$$

\\ //
Unter den Zahlen 1 bis 12 gibt es drei zweistellige Zahlen, es sind die Zahlen 10, 11 und 12.

Um die Wahrscheinlichkeit des Ereignisses D zu berechnen, ist es sinnvoll, die Paare der Zahlen zu ermitteln, deren Produkt 36 beträgt.

$36 = 3 \cdot 12 = 4 \cdot 9 = 6 \cdot 6 = 9 \cdot 4 = 12 \cdot 3$

Es gibt also 5 verschiedene Paare. Die Reihenfolge der Faktoren muss berücksichtigt werden.
Da es beim zweimaligen Drehen $12 \cdot 12 = 144$ Möglichkeiten gibt, erhält man für die Wahrscheinlichkeit von D:

$$P(D) = \underline{\underline{\frac{5}{144}}}$$

Um ein Ereignis, dessen Wahrscheinlichkeit $\frac{1}{6}$ beträgt, zu formulieren, sollte man sich die Struktur für die Berechnung der Wahrscheinlichkeiten eines zweistufigen Zufallsexperimentes bewusst machen.
Die Wahrscheinlichkeit $\frac{1}{6}$ berechnet sich damit als Produkt der Wahrscheinlichkeiten des ersten und des zweiten Drehens des Glücksrades.
Nutzt man noch die Wahrscheinlichkeit 1 für das sichere Ereignis aus, erhält man:

$$P(E) = \frac{1}{6} = \underbrace{\frac{1}{6}}_{\text{erstes Drehen}} \cdot \underbrace{1}_{\text{zweites Drehen}}$$

$$= \frac{2}{12} \cdot 1$$

Die Wahrscheinlichkeit $\frac{2}{12}$ kann nun folgendermaßen umschrieben werden:
„An erster Stelle steht die Zahl 1 oder 2".

- Die an zweiter Stelle stehende Zahl ist dabei beliebig.
- Es sind auch noch weitere Lösungen möglich.

c) Für das Würfeln mit vier Würfeln gibt es
$6 \cdot 6 \cdot 6 \cdot 6 = 6^4 = 1\,296$ Möglichkeiten.
Es interessiert nun, wie viele Möglichkeiten es gibt, um die Augensumme 23 zu erzielen.

Dabei sollte man bedenken, dass beim viermaligen Würfeln die maximale Augensumme $4 \cdot 6 = 24$ beträgt. Die Augensumme 23 entsteht also nur, wenn dreimal eine „6" und einmal eine „5" gewürfelt wird.

Dafür gibt es nur vier Möglichkeiten:
6665; 6656; 6566; 5666.

Somit ist $P(\text{Augensumme ist } 23) = \dfrac{4}{6^4} = \dfrac{4}{1\,296} = \dfrac{1}{\underline{\underline{324}}}$.

d) Für die Lösung der Aufgabe empfiehlt es sich, die Eckpunkte des Vierecks so zu beschriften, dass man folgende Skizze erhält:

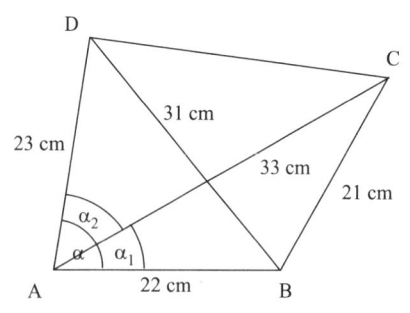

(Skizze nicht maßstäblich)

Gegeben: $\overline{AB} = 22$ cm
$\overline{BC} = 21$ cm
$\overline{AD} = 23$ cm
$\overline{AC} = 33$ cm
$\overline{BD} = 31$ cm

Gesucht: $\overline{CD}$

Für die Lösung ist es aufgrund der vielen Streckenangaben günstig, im Vorfeld einen Lösungsplan aufzustellen.
Die Seite $\overline{CD}$ lässt sich durch den Kosinussatz im Dreieck ACD bzw. im Dreieck BCD berechnen.
Dafür sind auf jeden Fall die Teilwinkel bei A bzw. bei B zu berechnen.
Die folgende Lösung bezieht sich auf die erstgenannte Möglichkeit zur Berechnung der Seite $\overline{CD}$ im Dreieck ACD mithilfe des Teilwinkels α_2.

Den Gesamtwinkel α berechnet man mit dem Kosinussatz im Dreieck ABD.

$$\overline{BD}^2 = \overline{AB}^2 + \overline{AD}^2 - 2 \cdot \overline{AB} \cdot \overline{AD} \cdot \cos\alpha \quad | +2 \cdot \overline{AB} \cdot \overline{AD} \cdot \cos\alpha$$

$$\overline{BD}^2 + 2 \cdot \overline{AB} \cdot \overline{AD} \cdot \cos\alpha = \overline{AB}^2 + \overline{AD}^2 \quad | -\overline{BD}^2$$

$$2 \cdot \overline{AB} \cdot \overline{AD} \cdot \cos\alpha = \overline{AB}^2 + \overline{AD}^2 - \overline{BD}^2 \quad | :(2 \cdot \overline{AB} \cdot \overline{AD})$$

$$\cos\alpha = \frac{\overline{AB}^2 + \overline{AD}^2 - \overline{BD}^2}{2 \cdot \overline{AB} \cdot \overline{AD}}$$

$$\cos\alpha = \frac{(22 \text{ cm})^2 + (23 \text{ cm})^2 - (31 \text{ cm})^2}{2 \cdot 22 \text{ cm} \cdot 23 \text{ cm}}$$

$$\alpha \approx 87{,}1°$$

Der Teilwinkel α_1 wird mittels Kosinussatz im Dreieck ABC berechnet.

$$\overline{BC}^2 = \overline{AB}^2 + \overline{AC}^2 - 2 \cdot \overline{AB} \cdot \overline{AC} \cdot \cos\alpha_1$$

Umgestellt nach $\cos\alpha_1$ erhält man

$$\cos\alpha_1 = \frac{\overline{AB}^2 + \overline{AC}^2 - \overline{BC}^2}{2 \cdot \overline{AB} \cdot \overline{AC}}$$

$$\cos\alpha_1 = \frac{(22 \text{ cm})^2 + (33 \text{ cm})^2 - (21 \text{ cm})^2}{2 \cdot 22 \text{ cm} \cdot 33 \text{ cm}}$$

$$\alpha_1 \approx 38{,}8°$$

Da $\alpha_1 + \alpha_2 = \alpha$ ist, erhält man für $\alpha_2 \approx 48{,}3°$.

Damit lässt sich nun die gesuchte Seite $\overline{CD}$ berechnen.

$\overline{CD}^2 = \overline{AC}^2 + \overline{AD}^2 - 2 \cdot \overline{AC} \cdot \overline{AD} \cdot \cos\alpha_2$

$\overline{CD}^2 = (33 \text{ cm})^2 + (23 \text{ cm})^2 - 2 \cdot 33 \text{ cm} \cdot 23 \text{ cm} \cdot \cos 48,3°$

$\underline{\underline{\overline{CD} \approx 24,7 \text{ cm}}}$

Die Würfel Drei und Vier sind etwa 24,7 cm voneinander entfernt.

e) Für die dargestellten Graphen stehen die folgenden Funktionen zur Auswahl:
$y = f(x) = x^2 + 2x$
$y = g(x) = -x^2 + 2x$
$y = h(x) = -x^2 + 2$
$y = i(x) = (x-2)^2$

Auf der **Karte 1** ist eine nach unten geöffnete Parabel zu erkennen, die um zwei Einheiten auf der y-Achse nach oben verschoben wurde.
Dieser Graph entspricht einer Gleichung $y = ax^2 + c$ mit $a < 0$ (nach unten geöffnet) und $c = 2$. Somit handelt es sich um die Gleichung $\underline{\underline{y = h(x) = -x^2 + 2}}$.

Auf **Karte 3** ist auch eine nach unten geöffnete Parabel zu erkennen. Nur noch die Gleichung $\underline{\underline{y = g(x) = -x^2 + 2x}}$ beschreibt durch das negative Vorzeichen vor dem x^2 eine solche Parabel. Daher muss es sich hier um diese Funktion handeln.

Auf der **Karte 2** ist eine Parabel mit dem Scheitelpunkt $S(2|0)$ dargestellt. Die Scheitelpunktform der Normalparabel mit $y = (x-d)^2 + e$ mit $S(d|e)$ lässt somit auf die Gleichung $\underline{\underline{y = i(x) = (x-2)^2}}$ schließen.

Auf der **Karte 4** ist damit die Funktion mit der Gleichung $\underline{\underline{y = f(x) = x^2 + 2x}}$ dargestellt.

Eine Probe, etwa mit der Scheitelpunktform, bestätigt das Ergebnis.

Schnittpunkt der Funktionen g und h:
Für eine Berechnung eventuell vorhandener Schnittstellen setzt man die Funktionsgleichungen gleich und stellt nach x um.

$g(x) = h(x)$
$-x^2 + 2x = -x^2 + 2 \quad |+x^2$
$\quad\quad 2x = 2 \quad\quad\quad |:2$
$\quad\quad \underline{x = 1}$

Nach Einsetzen von $x = 1$ in $g(x)$ oder $h(x)$ erhält man $y = 1$ und damit die Koordinaten des einzigen gemeinsamen Punktes $\underline{\underline{P(1|1)}}$.

Wahlaufgabe A2

Von der Sommerrodelbahn mit Schlepplift sind folgende Größen bekannt:

Gegeben: $\overline{TS} = 820,0$ m
$\alpha = 14°$
$\beta = 170°$
$\gamma = 4°$

Skizze:

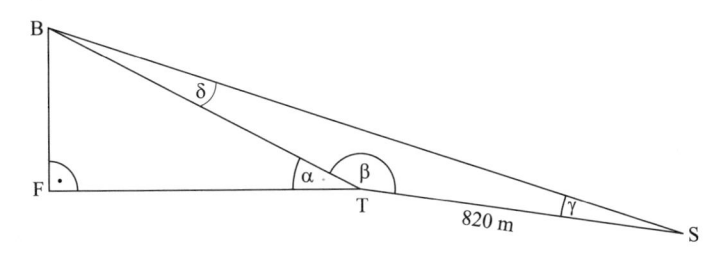

a) Die Länge des Schleppliftes $\overline{BT}$ berechnet man mit dem Sinussatz im Dreieck BTS. Dafür benötigt man noch die Größe des Winkels ∢SBT = δ, den man mit dem Innenwinkelsatz bestimmen kann:

$\delta = 180° - \beta - \gamma$
$\delta = 180° - 170° - 4°$
$\underline{\underline{\delta = 6°}}$

$$\frac{\overline{BT}}{\sin\gamma} = \frac{\overline{TS}}{\sin\delta}$$

$$\overline{BT} = \frac{\overline{TS} \cdot \sin\gamma}{\sin\delta}$$

$$\overline{BT} = \frac{820 \text{ m} \cdot \sin 4°}{\sin 6°}$$

$\underline{\underline{\overline{BT} \approx 547,2 \text{ m}}}$

Der Schlepplift hat eine Länge von ca. 547 m.

Der Höhenunterschied h = $\overline{BF}$ lässt sich mit den Winkelbeziehungen im rechtwinkligen Dreieck FTB berechnen.

$$\sin \alpha = \frac{\overline{BF}}{\overline{BT}}$$

$\overline{BF} = \overline{BT} \cdot \sin \alpha$

$\overline{BF} = 547,2 \text{ m} \cdot \sin 14°$

$\overline{BF} \approx 132,4 \text{ m}$

Der Höhenunterschied beträgt somit etwa 132 m.

Für die Konstruktion des Vierecks BFTS ist die folgende Konstruktionsbeschreibung eine Unterstützung. Bei der Konstruktion des Vierecks BFTS sollte man nur die gegebenen Größen benutzen.

Als Maßstab wählt man 1 : 10 000, d. h., 1 cm in der Konstruktion entspricht 10 000 cm = 100 m im Original.

1. Zuerst zeichnet man die Strecke $\overline{TS}$ mit einer Länge von 8,2 cm.
2. In den Punkten T und S trägt man nun die Winkel β bzw. γ an und erhält das Dreieck BTS.
3. An die Seite $\overline{BT}$ trägt man den Winkel α an.
4. Von B aus fällt man das Lot auf den freien Schenkel von α und erhält den Punkt F und damit das Viereck BFTS.

(Hier kann auch das Geodreieck zum Einsatz kommen, um die Senkrechte auf dem freien Schenkel des Winkels α durch B zu zeichnen.)

Der Schlepplift legt in zehn Sekunden zwölf Meter zurück. Er hat damit eine Geschwindigkeit v von:

$v = \frac{s}{t} \,\hat{=}\, \frac{\text{zurückgelegter Weg}}{\text{dafür benötigte Zeit}}$

$v = \frac{12 \text{ m}}{10 \text{ s}} = 1,2 \frac{\text{m}}{\text{s}}$

Um die benötigte Zeit für die Fahrt zu berechnen, stellt man die Formel für die Geschwindigkeit nach t um.

$v = \frac{s}{t} \quad | \cdot t$

$v \cdot t = s \quad | : v$

$t = \frac{s}{v}$

Nach Einsetzen der Größen erhält man

$$t = \frac{547{,}2 \text{ m}}{1{,}2 \frac{\text{m}}{\text{s}}}$$

$t = 456 \text{ s} = 60 \text{ s} \cdot 7 + 36 \text{ s}$
$t = 7 \text{ min } 36 \text{ s} \quad \text{da} \quad 60 \text{ s} = 1 \text{ min}$
$\underline{\underline{t = 7{,}6 \text{ min}}} \qquad\qquad 6 \text{ s} = 0{,}1 \text{ min}$
$\qquad\qquad\qquad\qquad 36 \text{ s} = 0{,}6 \text{ min}$

Die benötigte Zeit kann auch mit der folgenden Verhältnisgleichung gelöst werden:

$$\frac{10 \text{ s}}{12 \text{ m}} = \frac{x}{547{,}2 \text{ m}}$$

$$x = \frac{547{,}2 \text{ m} \cdot 10 \text{ s}}{12 \text{ m}}$$

$\underline{x = 456 \text{ s}}$

b) Für den Bau der Rodelbahn werden 1,4 Millionen Euro benötigt. Wenn 60 % der Summe aus Fördermitteln gezahlt werden, muss die Stadt 40 % selbst aufbringen.

$100 \% \mathrel{\widehat{=}} 1{,}4 \text{ Mill. €} = 1\,400\,000 \text{ €}$
$40 \% \mathrel{\widehat{=}} \underline{560\,000 \text{ €}}$

Bei der Geldanlage geht man davon aus, dass 10 Jahre Zinseszinsen gezahlt werden und somit exponentielles Wachstum vorliegt.

$$K_n = K_0 \cdot \left(1 + \frac{p}{100}\right)^n \qquad \begin{array}{l} K_n \ldots \text{Kapital nach n Jahren} \\ K_0 \ldots \text{Anfangskapital} \\ p \ldots \text{Zinssatz} \\ n \ldots \text{Anlagedauer in Jahren} \end{array}$$

Nach Einsetzen und Umstellen nach p erhält man:

$560\,000 \,€ = 350\,000 \,€ \cdot \left(1+\dfrac{p}{100}\right)^{10}$ $\quad |:350\,000\,€$

$1{,}6 = \left(1+\dfrac{p}{100}\right)^{10}$ $\quad |\sqrt[10]{}$

$1{,}0481 \approx 1+\dfrac{p}{100}$ $\quad |-1$

$0{,}0481 \approx \dfrac{p}{100}$ $\quad |\cdot 100$

$\underline{\underline{p \approx 4{,}81}}$

Das Geld hätte mit einem Zinssatz von mindestens 4,81 % angelegt werden müssen.

Ob die andere Anlagemöglichkeit zum gewünschten Ziel geführt hätte, lässt sich durch folgende Rechnung nachweisen:

$K_{10} = 350\,000\,€ \cdot \left(1+\dfrac{3}{100}\right)^{5} \cdot \left(1+\dfrac{6}{100}\right)^{5}$

$K_{10} \approx 542\,980\,€ \;<\; 560\,000\,€$

Diese Vereinbarung hätte nicht zum gewünschten Erfolg geführt.

c) Gegeben: Kieshaufen in Form eines Kreiskegels
r = 12 m
h = 9 m
1 dm³ Kies $\hat{=}$ 1,6 kg Masse

Um die Masse des Kieshaufens zu berechnen, benötigt man dessen Volumen.

$V = \dfrac{1}{3}\pi r^2 \cdot h$

$V = \dfrac{1}{3}\pi \cdot (12\text{ m})^2 \cdot 9\text{ m}$

$\underline{\underline{V \approx 1\,357\text{ m}^3}}$

Umrechnung: 1 m³ = 1 000 dm³

$V \approx 1\,357 \cdot 1\,000\text{ dm}^3$

$\underline{\underline{V \approx 1\,357\,000\text{ dm}^3}}$

Da 1 dm³ eine Masse von 1,6 kg hat, ist die Masse des Kieshaufens:
m = 1 357 000 · 1,6 kg
m = 2 171 200 kg

Umrechnung: 1 000 kg = 1 t

m ≈ 2171 t

Die Masse des Kieshaufens beträgt ca. 2 171 Tonnen.

Den Schüttwinkel α berechnet man mit den Winkelbeziehungen im rechtwinkligen Dreieck.

$$\tan \alpha = \frac{h}{r}$$

$$\tan \alpha = \frac{9\,m}{12\,m} = \frac{3}{4}$$

$$\alpha \approx 36{,}9°$$

Um zu entscheiden, ob der zur Verfügung stehende Platz unter den gegebenen Bedingungen ausreicht, gibt es zwei Möglichkeiten:

1. Inhaltliche Überlegung und Lösung
   Der Radius r des Kreiskegels vergrößert sich von $r_1 = 12$ m auf $r_2 = 15$ m und es gilt:

   $$r_2 = k \cdot r_1$$
   $$15\,m = k \cdot 12\,m$$
   $$k = \frac{5}{4} = 1{,}25$$

Da der Schüttwinkel erhalten bleibt, handelt es sich hier um eine maßstäbliche Vergrößerung der Abmessungen des Schüttkegels mit dem Streckenfaktor k = 1,25.

Nach den bekannten Gesetzmäßigkeiten gilt nun für das neue Volumen V_2 im Vergleich zum Ausgangsvolumen V_1:

$$V_2 = k^3 \cdot V_1$$
$$V_2 = (1{,}25)^3 V_1$$
$$V_2 \approx 1{,}95\, V_1 < 2 \cdot V_1$$

Der zur Verfügung stehende Platz reicht somit **nicht aus**, um die gleiche Menge nochmals anzuliefern.

2. Rechnerische Lösung
   Gegeben: $r_1 = 12$ m
   $r_2 = 15$ m
   $h_1 = 9$ m
   Gesucht: Volumen V_2

Um das Volumen V_2 zu berechnen, benötigt man noch die neue Höhe h_2, die man analog zur Berechnung des Schüttwinkels α im rechtwinkligen Dreieck erhält.

$\tan \alpha = \dfrac{h_2}{r_2}$

$h_2 = r_2 \cdot \tan \alpha \qquad \tan \alpha$ bleibt konstant

$h_2 = 15 \text{ m} \cdot \dfrac{3}{4}$

$\underline{h_2 = 11{,}25 \text{ m}}$

$V_2 = \dfrac{1}{3} \cdot \pi \cdot r_2^2 \cdot h_2$

$V_2 = \dfrac{1}{3} \cdot \pi \cdot (15 \text{ m})^2 \cdot 11{,}25 \text{ m}$

$V_2 \approx 2\,651 \text{ m}^2$

Zum Vergleich verdoppelt man das Volumen V_1 und stellt ebenfalls fest, dass der zur Verfügung stehende Platz nicht ausreicht.

$2 \cdot V_1 = 2 \cdot 1\,357 \text{ m}^3$
$ = 2\,714 \text{ m}^3 > V_2$

Die neue Höhe h_2 kann auch mithilfe des Strahlensatzes berechnet werden. Bei konstantem Schüttwinkel α sind der Radius r und die Höhe h direkt proportional zueinander.

$\dfrac{r_1}{h_1} = \dfrac{r_2}{h_2} \quad$ bzw. $\quad h_2 = \dfrac{r_2 \cdot h_1}{r_1}$

$\phantom{\dfrac{r_1}{h_1} = \dfrac{r_2}{h_2} \quad \text{bzw.} \quad} h_2 = \dfrac{15 \text{ m} \cdot 9 \text{ m}}{12 \text{ m}}$

$\phantom{\dfrac{r_1}{h_1} = \dfrac{r_2}{h_2} \quad \text{bzw.} \quad} h_2 = 11{,}25 \text{ m}$

Besondere Leistungsfeststellung Thüringen 10. Klasse Mathematik 2008

Pflichtaufgabe

Angeregt von den schönen Anlagen zur BUGA 2007 in Gera und Ronneburg beschließt der Stadtrat von Neuhausen, ein Flächenstück, das zwischen zwei Stadtteilen liegt, als Park und Gartenanlage neu zu gestalten.

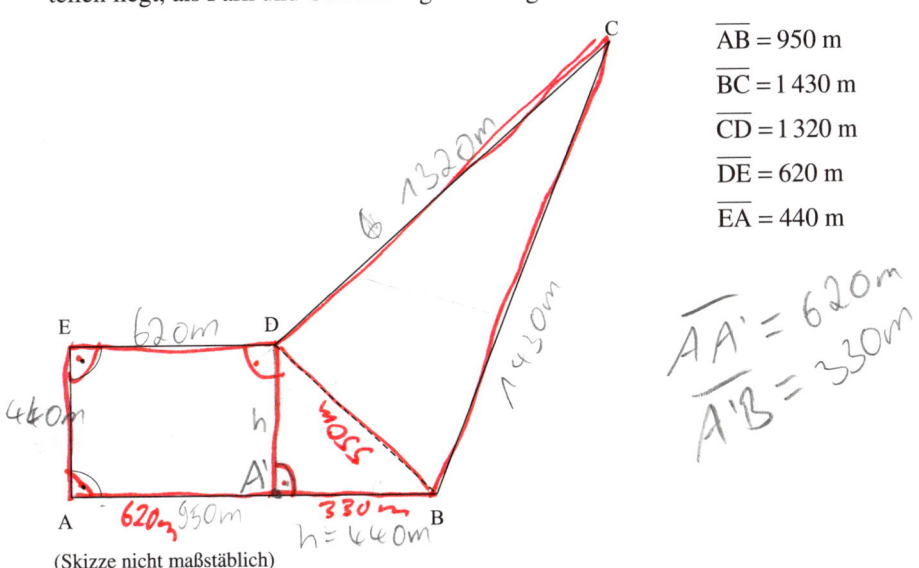

$\overline{AB} = 950$ m
$\overline{BC} = 1\,430$ m
$\overline{CD} = 1\,320$ m
$\overline{DE} = 620$ m
$\overline{EA} = 440$ m

(Skizze nicht maßstäblich)

a) Die beiden Stadtteile sollen durch einen geraden Weg $\overline{BD}$ verbunden werden. Berechnen Sie die Länge dieses Weges!
(Kontrollergebnis $\overline{BD} = 550$ m)
Berechnen Sie den Flächeninhalt des Flächenstücks ABCDE und geben Sie den Flächeninhalt in Hektar an! (6 BE)

Handschriftliche Notizen:

$\overline{AA'} = 620$ m
$\overline{A'B} = 330$ m
$h = 440$ m

$A_{Trapez} = \frac{1}{2} \cdot (a+c) \cdot h$

$A = \frac{1}{2} \cdot (950\,m + 620\,m) \cdot 440\,m$

$A_{Trapez} = 345\,400\,m^2$

2008-1

Ein Element der Neuge-
staltung soll eine quadratische Anlage sein, in die
ein zweites Quadrat, des-
sen Eckpunkte die Seiten-
mittelpunkte des ersten
Quadrates sind, eingefügt
ist. In diesem zweiten
(inneren) Quadrat soll ein
Wassergraben angelegt
werden, dessen Wasser-
oberfläche den gleichen
Flächeninhalt haben soll
wie die Insel in der Mitte.

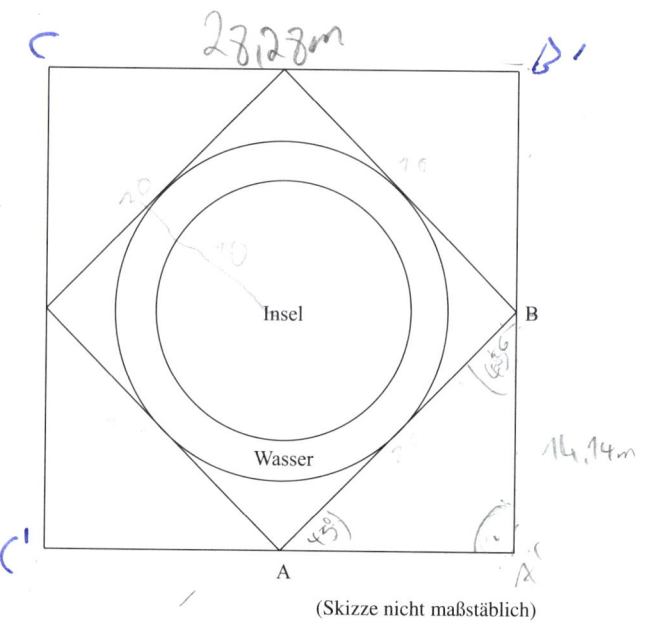

$\overline{AB}$ = 20 m

(Skizze nicht maßstäblich)

b) Zeigen Sie, dass das äußere Quadrat den doppelten Flächeninhalt des inneren Quadrates besitzt! Berechnen Sie den Durchmesser der Insel!
Der Wassergraben soll eine Tiefe von 50 cm besitzen.
Berechnen Sie die Wassermenge in Litern!
(Kontrollergebnis: Wasseroberfläche 50π m² ≈ 157 m²) (6 BE)

c) Zur Eröffnung am 1. Mai wurden im Wassergraben Seerosen gesetzt, die 2 m² der Oberfläche bedecken. Die von den Seerosen bedeckte Fläche wächst täglich um 4 %. Nach wie viel Tagen ist der Graben vollständig bewachsen? (3 BE)

d) Von den Mittelpunkten der Seiten des inneren Quadrates sollen parabel-förmige Bögen mit einer Höhe von 3 m zur Mitte der Insel gebaut werden.

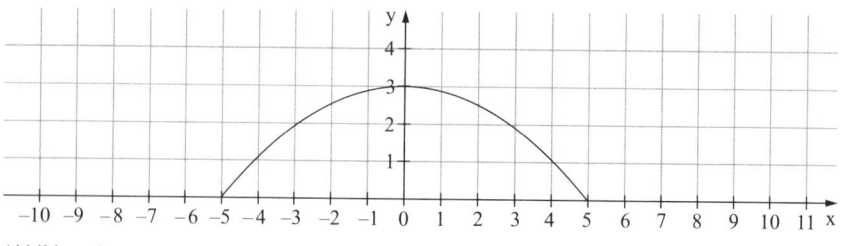

Abbildung 1

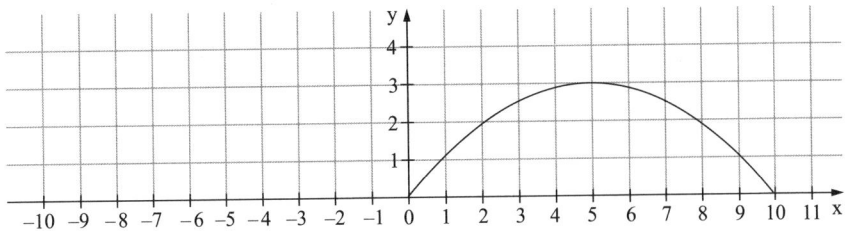

Abbildung 2

Geben Sie für eine der abgebildeten verschiedenen Lagen der Parabeln eine Funktionsgleichung an! (2 BE)

e) Für das Anlegen der Blumenbeete kaufte man eine sehr große Menge an Tulpenzwiebeln. Die Mischung besteht zu gleichen Teilen aus 3 verschiedenen Farben. Der Mischung werden zufällig 3 Zwiebeln entnommen.
Mit welcher Wahrscheinlichkeit sind es Zwiebeln nur einer Farbe?
Mit welcher Wahrscheinlichkeit sind es Zwiebeln von 3 Farben? (3 BE)

Wahlaufgabe A1

Zum Schuljahresende findet am Gymnasium ein Schulfest statt. Für die Feierlichkeiten soll der Schulhof genutzt werden, von dem folgende Angaben bekannt sind:

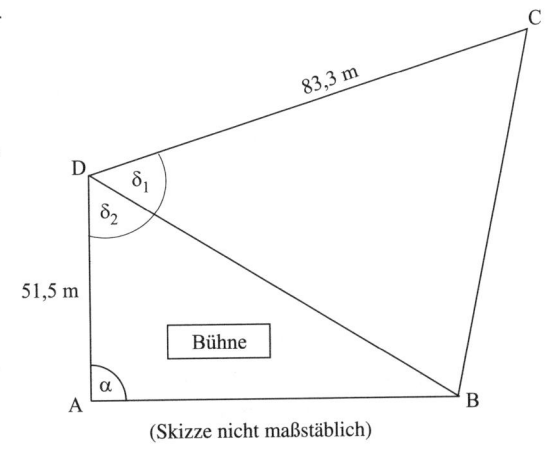

$\overline{AD} = 51{,}5$ m;
$\overline{CD} = 83{,}3$ m;
$\alpha = 90°$;
$\delta_1 = 62{,}7°$;
$\delta_2 = 41{,}6°$

(Skizze nicht maßstäblich)

a) Um den gesamten Schulhof ABCD herum sollen Girlanden gezogen werden. Die Diagonalen $\overline{AC}$ und $\overline{BD}$ werden mit Lichterketten geschmückt. Berechnen Sie, wie viele Meter Girlande und wie viele Meter an Lichterketten dazu gekauft werden müssen! Das Durchhängen der Ketten wird nicht berücksichtigt. (5 BE)

b) Auf dem Teil des Schulhofs, der durch das Dreieck ABD beschrieben wird, soll eine rechteckige Bühne mit der Länge 10 m und der Breite 5m aufgebaut werden. Berechnen Sie, wie viel Prozent dieses Schulhofteils von der Bühne bedeckt wird! (2 BE)

Auf dem anderen Teil des Schulhofes sollen Stände aufgebaut werden, an denen die Arbeit einzelner Unterrichtsfächer gezeigt wird. Der Stand der Mathematik soll von Schülern der Klassen 9 und 10 gestaltet werden.

c) In der Vorbereitungsphase ergibt sich ein Gespräch zwischen der Mathematiklehrerin und einem Schüler. Die Lehrerin sagt: „Vor sieben Jahren betrug dein Alter genau ein Sechstel meines Alters. In fünf Jahren wird dein Alter genau ein Drittel meines Alters betragen."
Ermitteln Sie das Alter von Lehrerin und Schüler. (3 BE)

Die Schüler der Klasse 10a berichten über Winkelfunktionen.
Lösen Sie die folgende Aufgabe:

d) Gegeben sind die Funktionen f und g durch die Gleichungen
$y = f(x) = 3 \cdot \sin x$ und $y = g(x) = -\frac{3}{2} \cdot \sin x$.
Skizzieren Sie die Graphen beider Funktionen in ein und dasselbe Koordinatensystem im Intervall $0 \leq x \leq 2\pi$!
Die Punkte $A\left(\frac{\pi}{2}; f\left(\frac{\pi}{2}\right)\right)$, $B\left(\frac{\pi}{2}; g\left(\frac{\pi}{2}\right)\right)$, $C\left(\frac{3\pi}{2}; f\left(\frac{3\pi}{2}\right)\right)$ und $D\left(\frac{3\pi}{2}; g\left(\frac{3\pi}{2}\right)\right)$ bilden ein Parallelogramm.
Berechnen Sie Flächeninhalt und Umfang des Parallelogramms! (6 BE)

Die Schüler der Klasse 10b stellen einige Probleme aus dem Gebiet Stochastik vor.

e) Lösen Sie die folgenden Aufgaben:
1. In einem leeren Zugabteil mit 6 Plätzen nehmen 4 Personen Platz. Auf wie viele Arten ist das möglich?

2. Eine Urne enthält 15 rote und 5 weiße Kugeln. Wie groß ist die Wahrscheinlichkeit, beim zweimaligen Ziehen ohne Zurücklegen zuerst eine rote und dann eine weiße Kugel zu ziehen?

3. Für eine Sorte Blumenzwiebeln gibt es eine Keimgarantie von 90 %. Ein Hobbygärtner kauft eine Packung mit 20 Zwiebeln. Mit welcher Wahrscheinlichkeit keimen genau 19 Zwiebeln? (4 BE)

Wahlaufgabe A 2

Anne und Markus helfen beim Aufräumen des Mathematikvorbereitungsraumes ihrer Schule.

a) Sie halten 3 Folien, die jeweils den Graphen einer Funktion zeigen, in der Hand. Durch Übereinanderlegen der Folien stellen sie fest, dass es zwei Punkte gibt, die zu den Graphen aller drei Funktionen gehören.
Die Funktionsgleichungen lauten:
$y = f(x) = x + 1$, $y = g(x) = -\frac{1}{2}x^2 + 1$; $y = h(x) = (x+1)^3$
Skizzieren Sie die Graphen dieser drei Funktionen in ein und dasselbe Koordinatensystem! Weisen Sie durch Rechnung nach, dass es zwei Punkte gibt, die zu den Graphen dieser drei Funktionen gehören! Untersuchen Sie, ob die Graphen der Funktionen f und h noch einen weiteren gemeinsamen Punkt besitzen! Geben Sie gegebenenfalls dessen Koordinaten an! (8 BE)

b) Angeregt durch diese Folien zeichnen Anne und Markus selbst Funktionsgraphen. Sie wählen dazu die Funktionen f und g mit den Gleichungen $y = f(x) = \sqrt[3]{x}$ mit $x \geq 0$ und $y = g(x) = a \cdot 2^x$ aus.
Für welchen Wert von a haben die Graphen von f und g an der Stelle $x_S = 8$ einen gemeinsamen Punkt?
(Kontrollergebnis: $a = \frac{1}{128}$)
Bestimmen Sie für diesen Wert von a die Stelle x, für die $g(x) = 512$ gilt!
Ermitteln Sie eine Gleichung der Umkehrfunktion $\overline{f}$ von f! (4 BE)

c) Anne räumt Körpermodelle ein. Dabei hält sie das Modell einer geraden quadratischen Pyramide mit einer Höhe von 30 cm und einer Grundkantenlänge von 20 cm sowie das Modell eines geraden Kreiskegels mit einer Höhe von 30 cm und einem Grundflächendurchmesser von 20 cm in der Hand.
In welchem Verhältnis stehen die Volumina der beiden Körpermodelle? Wie groß muss der Grundflächendurchmesser des Modells eines geraden Kreiskegels mit einer Höhe von 30 cm sein, damit dieses dasselbe Volumen hat wie das Modell der oben beschriebenen Pyramide? (5 BE)

d) Markus findet ein Modell eines Vierecks mit den Seitenlängen $\overline{AB} = 12$ cm, $\overline{BC} = 9$ cm, $\overline{CD} = 10$ cm und $\overline{AD} = 8$ cm. Die Scharniere an den Ecken sind beweglich, lassen also unterschiedliche Winkelgrößen zu.

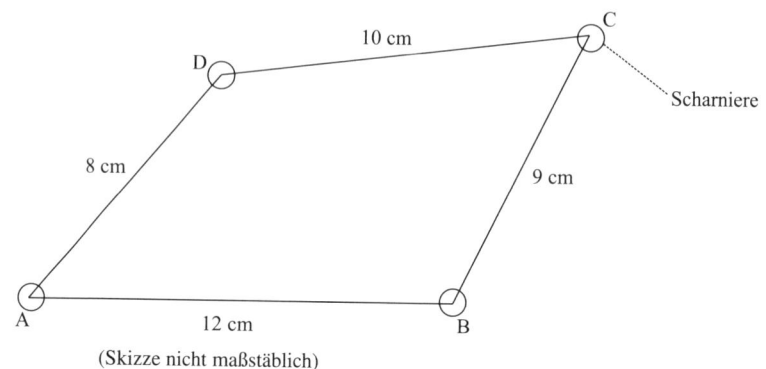

(Skizze nicht maßstäblich)

Markus hält das Modell zunächst so, dass A, D und C auf einer Geraden liegen. Wie groß ist der Winkel $\angle ACB$?
Jetzt hält er das Modell so, dass bei B ein rechter Winkel entsteht. Wie groß ist der Winkel $\angle ACB$ jetzt?

(3 BE)

Tipps und Hinweise zu den Lösungen

Pflichtaufgabe

a)

- Zeichnen Sie vom Punkt D aus eine Hilfslinie, sodass ein rechtwinkliges Dreieck mit der Hypotenuse $\overline{BD}$ entsteht.
- Das gesamte Flächenstück besteht aus zwei Ihnen bekannten Teilflächen.
- Zur Berechnung des Flächeninhaltes eines Trapezes benötigen Sie die Länge der beiden parallelen Seiten und der Höhe.
- Für den Flächeninhalt des Dreiecks BCD benötigt man die Größe eines Innenwinkels. Bestimmen Sie diesen mit dem Kosinussatz. Achten Sie darauf, dass zuerst der Winkel berechnet werden soll, der der größten Seite im Dreieck gegenüberliegt.

b)

- Teilen Sie das äußere und das innere Quadrat mittels seiner Symmetrieachsen in Ihnen bekannte Flächenstücke auf und überlegen Sie, welche Teile man zum inneren Quadrat dazunehmen muss, um das äußere zu erhalten.
- Der Wassergraben und die Insel besitzen denselben Flächeninhalt, beide zusammen ergeben die Fläche des äußeren Kreises. Damit ist der Flächeninhalt des Außenkreises doppelt so groß wie der Flächeninhalt der Insel.
- Stellen Sie die Formel zur Berechnung des Kreisflächeninhaltes nach dem Durchmesser um.
- Für die Volumenberechnung kann man hier die Beziehung „Grundfläche mal Höhe" nutzen.

c)

- Bei dieser Aufgabe liegt ein exponentielles Wachstum vor. Stellen Sie die Wachstumsgleichung auf.
- Wenden Sie zum Lösen von Exponentialgleichungen die Logarithmengesetze an.

d)

- Wiederholen Sie ihre Kenntnisse über den Einfluss der Parameter a, c, d und e auf die Funktion $y = x^2$ für die folgenden Fälle:
  $y = a \cdot x^2 + c$ und $y = a \cdot (x+d)^2 + e$
- Der Parameter a ist negativ, wenn die Parabel nach unten geöffnet ist, der Parameter c bewirkt eine Verschiebung um c-Einheiten entlang der y-Achse und der Graph der Funktion $y = (x+d)^2 + e$ hat die Scheitelpunktkoordinaten $S(-d; e)$.

e)

🖉 Das Entnehmen der Tulpenzwiebeln wird durch ein dreistufiges Zufallsexperiment beschrieben. Da die Anzahl der Tulpenzwiebeln sehr groß ist, handelt es sich um ein Experiment mit Zurücklegen, d. h., die Einzelwahrscheinlichkeit bleibt konstant.

Wahlaufgabe A1

a)

🖉 Der Winkel α hat eine Größe von 90°. Das Dreieck ABD ist somit rechtwinklig, wodurch sich die Seite $\overline{AB}$ und die Diagonale $\overline{BD}$ leicht bestimmen lassen.

🖉 Die fehlende Seite $\overline{BC}$ und die Diagonale $\overline{AC}$ berechnet man mit dem Kosinussatz in den entsprechenden Dreiecken BCD bzw. ACD.

b)

🖉 Der Flächeninhalt des rechtwinkligen Dreiecks ABD entspricht 100 %.

🖉 Der Flächeninhalt der rechteckigen Bühne ist dann der entsprechende Prozentwert.

c)

🖉 Nutzen Sie für das gegenwärtige Alter der Lehrerin und des Schülers zwei verschiedene Variablen.

🖉 Deuten Sie damit das Alter vor 7 Jahren bzw. das Alter in 5 Jahren.

🖉 Stellen Sie je eine Gleichung auf und lösen Sie das Gleichungssystem.

d)

🖉 Was bewirkt der Parameter a bei der Funktion $y = a \cdot \sin x$? Zusätzlich können Sie eine Wertetabelle erstellen.

🖉 Fertigen Sie eine Skizze vom Parallelogramm an und bestimmen Sie die Länge der Seite $\overline{AB}$ und die Höhe des Parallelogramms auf dieser Seite.

🖉 Nutzen Sie diese Höhe als eine Seite in einem rechtwinkligen Dreieck, um die Seite $\overline{AD}$ zu berechnen.

e)

🖉 1. Bestimmen Sie, wie viele Möglichkeiten jede der 4 Personen hat, wenn diese der Reihe nach Platz nehmen.

🖉 2. Beachten Sie, wie groß die Gesamtmenge ist, aus der die Kugeln zu ziehen sind.

🖉 3. Mit welcher Wahrscheinlichkeit keimt eine Zwiebel nicht? Da es 20 Zwiebeln sind, gibt es 20 Möglichkeiten, dass genau eine Zwiebel nicht keimt.

Wahlaufgabe A2

a)
- Für das Zeichnen der Funktionen g und h kann eine Wertetabelle hilfreich sein.
- Lesen Sie die Koordinaten der gemeinsamen Punkte aus der grafischen Darstellung ab und bestätigen Sie durch eine Rechnung, dass diese Punkte alle drei Funktionen gemeinsam haben.
- Um die Koordinaten gemeinsamer Punkte zu finden, setzen Sie die Funktionsterme gleich und lösen Sie diese Gleichung. Sie erhalten die entsprechenden x-Werte. Die zugehörigen y-Werte erhalten Sie durch Einsetzen in eine der beiden Funktionen.

b)
- Lösen Sie die Gleichung nach a auf, die entsteht, wenn die Funktionsterme gleichgesetzt werden und für $x = 8$ eingesetzt wird.
- Setzen Sie den Wert von a in die Gleichung $g(x) = 512$ ein und stellen diese nach x um.
- Eine Gleichung der Umkehrfunktion $\bar{f}$ erhält man, wenn man die Gleichung der Ausgangsfunktion f nach x umstellt und dann die Variablen x und y vertauscht.

c)
- Stellen Sie die Formeln zur Berechnung der Volumina einer geraden quadratischen Pyramide und eines geraden Kreiskegels auf.
- Setzen Sie nur die Größen ein und bilden Sie das Verhältnis dieser beiden Volumina, kürzen Sie gemeinsame Größen.
- Für die Berechnung des Grundflächendurchmessers setzen Sie beide Volumina gleich, setzen die bekannten Größen ein und stellen nach d um.

d)
- Im ersten Modell berechnet man den Winkel $\angle ACB$ mittels Kosinussatz im Dreieck ABC.
- Im zweiten Modell berechnet man den Winkel $\angle ACB$ mithilfe der Winkelbeziehungen im rechtwinkligen Dreieck ABC.

Lösungen

Pflichtaufgabe

a) Gegeben: Flächenstück ABCDE mit
$\overline{AB} = 950$ m
$\overline{BC} = 1\,430$ m
$\overline{CD} = 1\,320$ m
$\overline{DE} = 620$ m
$\overline{EA} = 440$ m

Gesucht: Länge des Weges $\overline{BD}$
Flächeninhalt des Flächenstücks ABCDE

Skizze:

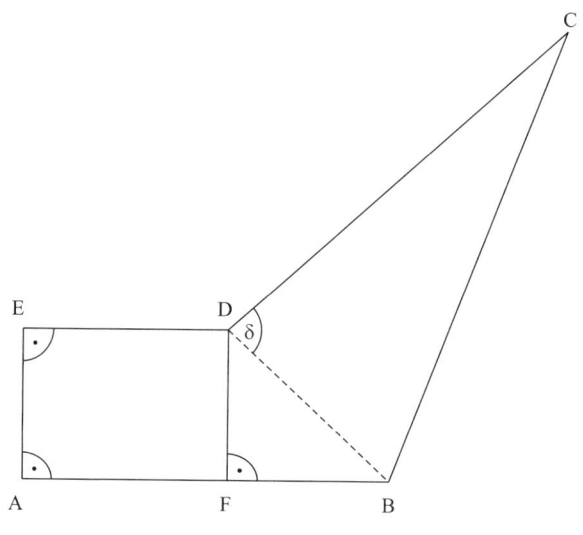

(Skizze nicht maßstäblich)

Für die Berechnung der Strecke $\overline{BD}$ fällt man das Lot von D auf die Strecke $\overline{AB}$ und erhält als Fußpunkt F.

Damit gilt:
$\overline{BF} = \overline{AB} - \overline{DE}$
$\overline{BF} = 950$ m $- 620$ m
$\overline{BF} = 330$ m

Nach dem Satz des Pythagoras gilt nun im rechtwinkligen Dreieck BDF:

$\overline{BD}^2 = \overline{BF}^2 + \overline{DF}^2 \qquad \overline{DF} = \overline{EA}$

$\overline{BD}^2 = \overline{BF}^2 + \overline{EA}^2$

$\overline{BD}^2 = (330\ m)^2 + (440\ m)^2$

$\underline{\underline{\overline{BD} = 550\ m}}$

Die Länge des Verbindungsweges beträgt 550 m.

Um den Flächeninhalt des gesamten Flächenstücks ABCDE zu berechnen, teilt man diese Fläche z. B. in eine Trapezfläche ABDE und eine Dreiecksfläche BCD auf.

Flächeninhalt A_1 des Trapezes ABDE:

$A_1 = \dfrac{1}{2}(a+c) \cdot h \qquad a = \overline{AB};\ c = \overline{DE};\ h = \overline{EA}$

$A_1 = \dfrac{1}{2}(950\ m + 620\ m) \cdot 440\ m$

$\underline{\underline{A_1 = 345\ 400\ m^2}}$

Flächeninhalt A_2 des Dreiecks BCD:

Um den Flächeninhalt dieses Dreiecks zu berechnen, benötigt man die Größe eines Innenwinkels. Dieses Dreieck ist durch seine drei Seitenlängen gegeben und so berechnet man üblicherweise den größten Innenwinkel $\angle CDB = \delta$ (liegt der größten Seite gegenüber) mit dem Kosinussatz.

Damit gilt:

$\overline{BC}^2 = \overline{CD}^2 + \overline{BD}^2 - 2 \cdot \overline{CD} \cdot \overline{BD} \cdot \cos \delta$

Umgestellt nach $\cos \delta$ erhält man:

$\cos \delta = \dfrac{\overline{CD}^2 + \overline{BD}^2 - \overline{BC}^2}{2 \cdot \overline{CD} \cdot \overline{BD}}$

$\cos \delta = \dfrac{(1\ 320\ m)^2 + (550\ m)^2 - (1\ 430\ m)^2}{2 \cdot 1\ 320\ m \cdot 550\ m}$

$\cos \delta = 0$

$\underline{\underline{\delta = 90°}}$

Das Dreieck BCD ist ein rechtwinkliges Dreieck und für die Berechnung des Flächeninhaltes gilt:

$A_2 = \frac{1}{2} \cdot \overline{CD} \cdot \overline{BD}$

$A_2 = \frac{1}{2} \cdot 1\,320 \text{ m} \cdot 550 \text{ m}$

$A_2 = 363\,000 \text{ m}^2$

Natürlich erhält man denselben Flächeninhalt, wenn mittels Kosinussatz andere Innenwinkel des Dreiecks berechnet werden.
Für die Berechnung des Flächeninhaltes nutzt man dann die Formel
$A = \frac{1}{2} \cdot a \cdot b \cdot \sin\gamma$, wobei γ der berechnete Innenwinkel ist und a und b die anliegenden Seiten des Dreiecks an diesem Winkel sind.

Der Flächeninhalt des Flächenstücks ABCDE hat damit eine Größe von:
$A = A_1 + A_2$
$A = 345\,400 \text{ m}^2 + 363\,000 \text{ m}^2$
$A = 708\,400 \text{ m}^2$

$1 \text{ ha} \triangleq 10\,000 \text{ m}^2$

Damit gilt:
$A \approx 70,8 \text{ ha}$

b) Berechnung der quadratischen Anlage
Skizze:

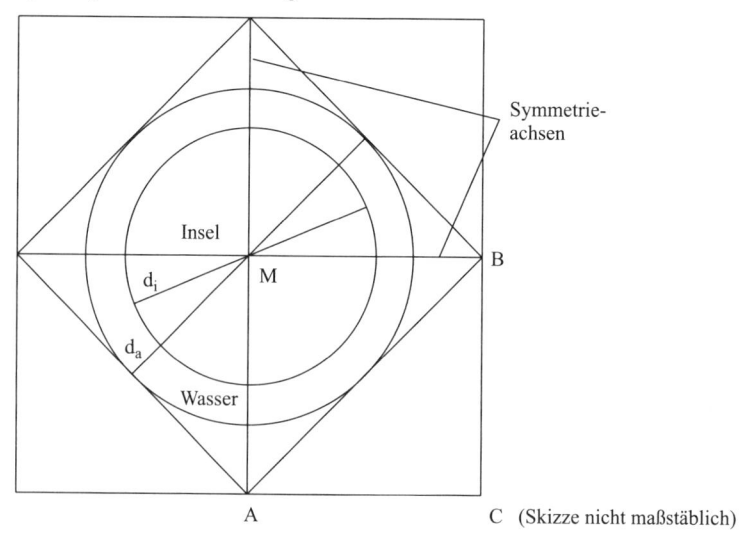

2008-12

Durch das Einzeichnen zweier Symmetrieachsen (siehe Skizze) der beiden Quadrate und mit der Voraussetzung, dass A und B die Seitenmittelpunkte des ersten Quadrates sind, gilt nun:

$\triangle ABM \cong \triangle ACB$.

Damit sind diese beiden Dreiecke natürlich auch flächengleich. Das innere Quadrat besteht aus vier solcher Dreiecke ABM. Das äußere Quadrat entsteht dadurch, dass zum inneren Quadrat die vier Dreiecke ABM hinzukommen, somit kommt die Gesamtfläche des inneren Quadrats nochmals hinzu.

Es ist damit gezeigt, dass das äußere Quadrat den doppelten Flächeninhalt des inneren Quadrates besitzt.

Um den Durchmesser d_i der Insel zu berechnen, benötigt man den Flächeninhalt A_i der Insel. Da der Flächeninhalt des Wassergrabens dem der Insel entspricht, muss der Flächeninhalt A_a des Außenkreises mit dem Durchmesser d_a doppelt so groß wie der Flächeninhalt A_i der Insel sein.

$A_a = 2 \cdot A_i$

$A_a = \frac{\pi}{4} \cdot d_a^2 \qquad d_a = \overline{AB} = 20$ m (siehe Skizze)

$A_a = \frac{\pi}{4} \cdot (20 \text{ m})^2$

$A_a = 100\pi \text{ m}^2$

Somit gilt:

$A_i = 50\pi \text{ m}^2 = \frac{\pi}{4} \cdot d_i^2 \qquad \Big| \cdot \frac{4}{\pi}$

$d_i^2 = 200 \text{ m}^2 \qquad \qquad \quad | \sqrt{}$

$d_i \approx 14,1 \text{ m}$

Der Durchmesser der Insel hat eine Größe von ca. 14,1 m.

Zur Berechnung der Wassermenge benötigt man das Volumen V.
A ist die Fläche des Wassergrabens und entspricht der Fläche A_i der Insel, h ist die Wassertiefe.

$V = A \cdot h$
$V = 50\pi \text{ m}^2 \cdot 0,5 \text{ m}$
$V = 25\pi \text{ m}^3$
$V \approx 78,54 \text{ m}^3$

$1 \text{ m}^3 \triangleq 1\,000 \ \ell$

Damit gilt:
$V = 78\,540 \ \ell$

Im Wassergraben befinden sich etwa 78 540 ℓ Wasser.

c) Beim Bewachsen des Wassergrabens liegt ein exponentielles Wachstum vor.

$A_n = A_0 \cdot \left(1 + \dfrac{p}{100}\right)^n$

A_n ... Bewachsene Fläche nach n Tagen
A_0 ... Anfangsfläche
p ... prozentualer Zuwachs
n ... Dauer in Tagen

Nach Einsetzen der bekannten Größen erhält man die zu lösende Gleichung:

$50\pi = 2 \cdot \left(1 + \dfrac{4}{100}\right)^n \quad |:2$

$78,54 = 1,04^n \quad |\lg$

$\lg 78,54 = \lg 1,04^n \quad$ Anwendung Logarithmengesetze

$\lg 78,54 = n \cdot \lg 1,04 \quad |:\lg 1,04$

$n = \dfrac{\lg 78,54}{\lg 1,04}$

$\underline{\underline{n \approx 111,3}}$

Nach etwas mehr als 111 Tagen ist der Graben vollständig bewachsen.

d) Bei der in Abbildung 1 dargestellten Funktion kann es sich um eine nach unten geöffnete Parabel zweiten Grades handeln, die um 3 Einheiten in Richtung der y-Achse verschoben ist.
$y = f_1(x) = ax^2 + c \qquad a < 0;\ c = 3$
$y = f_1(x) = ax^2 + 3$

Um den Wert des Parameters a zu bestimmen, setzt man die Koordinaten eines Punktes der Parabel, z. B. N(5; 0), ein:

$0 = f_1(5) = 25a + 3 \quad |-3$

$-3 = 25a \quad |:25$

$\underline{\underline{a = -\dfrac{3}{25}}}$

Ergebnis:

$\underline{\underline{y = f_1(x) = -\dfrac{3}{25}x^2 + 3}}$

Die Teilaufgabe d erfordert nur die Angabe einer Funktionsgleichung. Damit wäre die Aufgabe gelöst, zur Vollständigkeit wird noch die Abbildung 2 bearbeitet.

Hierbei kann es sich ebenfalls um eine nach unten geöffnete Parabel zweiten Grades handeln. Ihr Scheitelpunkt liegt bei S(5; 3). Die Scheitelpunktform lautet hier:

$y = f_2(x) = a(x+d)^2 + e \qquad a < 0;\ d = -5;\ e = 3$
$y = f_2(x) = a(x-5)^2 + 3$

Analog setzt man einen Punkt, z. B. N(0; 0), ein:
$0 = f_2(0) = 25a + 3$
$$a = -\frac{3}{25}$$

Ergebnis:
$$y = f_2(x) = -\frac{3}{25}(x-5)^2 + 3$$

e) Bei der Lösung der Aufgabe muss man davon ausgehen, dass trotz des Entnehmens einer Tulpenzwiebel ein und derselben Farbe die Wahrscheinlichkeit konstant bleibt, da es sich um eine sehr große Anzahl von Tulpenzwiebeln handelt.

Eine Möglichkeit zur Lösung der Aufgabe besteht im Anfertigen eines Baumdiagramms, das dieses dreistufige Zufallsexperiment beschreiben soll. Die Zahlen 1, 2 und 3 stehen für die 3 verschiedenen Farben. Auf allen Pfaden ist die Wahrscheinlichkeit $\frac{1}{3}$.

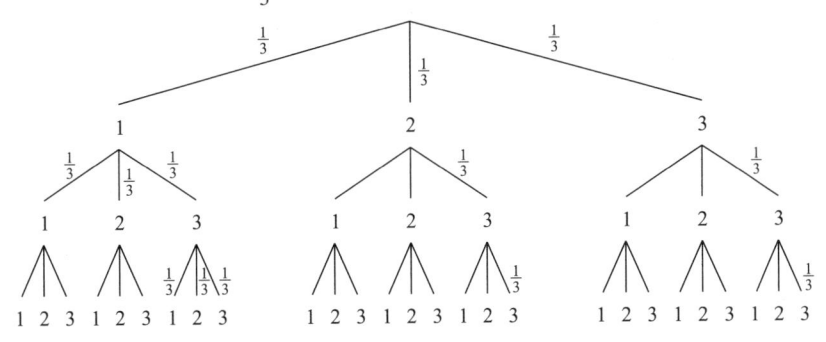

P(Zwiebeln nur einer Farbe) = P(111; 222; 333)
$$= 3 \cdot \left(\frac{1}{3}\right)^3$$
$$= \frac{1}{9}$$

P(Zwiebeln von 3 Farben) = P(123; 132; 213; 231; 312; 321)

$$= 6 \cdot \left(\frac{1}{3}\right)^3$$

$$= \frac{2}{9}$$

Durch inhaltliche Überlegungen und Methoden der Kombinatorik erhält man ebenfalls diese Wahrscheinlichkeiten und kann auf ein Baumdiagramm verzichten.

Wahlaufgabe A1

a) Der Schulhof hat die folgenden Abmessungen:
Gegeben: $\overline{AD} = 51,5$ m
$\overline{CD} = 83,3$ m
$\alpha = 90°$
$\delta_1 = 62,7°$
$\delta_2 = 41,6°$

Für die Bestimmung der Länge der Girlande und der Lichterkette müssen die fehlenden Seitenlängen des Vierecks ABCD und dessen Längen der Diagonalen berechnet werden.

Man beginnt im rechtwinkligen Dreieck ABD und berechnet zunächst die Seite $\overline{AB}$ und $\overline{BD}$ mittels folgender Winkelbeziehungen:

$\tan \delta_2 = \dfrac{\overline{AB}}{\overline{AD}}$ $\qquad$ $\cos \delta_2 = \dfrac{\overline{AD}}{\overline{BD}}$

$\overline{AB} = \overline{AD} \cdot \tan \delta_2$ $\qquad$ $\overline{BD} = \dfrac{\overline{AD}}{\cos \delta_2}$

$\overline{AB} = 51,5 \text{ m} \cdot \tan 41,6°$ $\qquad$ $\overline{BD} = \dfrac{51,5 \text{ m}}{\cos 41,6°}$

$\overline{AB} \approx 45,7$ m $\qquad$ $\overline{BD} \approx 68,9$ m

Die letzte Seitenlänge kann auch mithilfe des Satzes des Pythagoras berechnet werden.

Die weitere Berechnung bezieht sich auf das Dreieck BCD. Die fehlende Seite $\overline{BC}$ kann hier mit dem Kosinussatz bestimmt werden, da die Seite $\overline{BD}$ bereits berechnet wurde.

$\overline{BC}^2 = \overline{BD}^2 + \overline{CD}^2 - 2 \cdot \overline{BD} \cdot \overline{CD} \cdot \cos\delta_1$
$\overline{BC}^2 = (68,9 \text{ m})^2 + (83,3 \text{ m})^2 - 2 \cdot 68,9 \text{ m} \cdot 83,3 \text{ m} \cdot \cos 62,7°$
$\overline{BC} = 80,1 \text{ m}$

Die noch fehlende Diagonale $\overline{AC}$ berechnet man mit dem Kosinussatz im Dreieck ACD.

$\overline{AC}^2 = \overline{AD}^2 + \overline{CD}^2 - 2 \cdot \overline{AD} \cdot \overline{CD} \cdot \cos(\delta_1 + \delta_2)$
$\overline{AC}^2 = (51,5 \text{ m})^2 + (83,3 \text{ m})^2 - 2 \cdot 51,5 \text{ m} \cdot 83,3 \text{ m} \cdot \cos 104,3°$
$\overline{AC} = 108,2 \text{ m}$

Jetzt sind alle Größen vorhanden, um die Länge der Girlande und der Lichterkette zu ermitteln.

Girlande:
$\ell = \overline{AB} + \overline{BC} + \overline{CD} + \overline{AD}$
$\ell = 45,7 \text{ m} + 80,1 \text{ m} + 83,3 \text{ m} + 51,5 \text{ m}$
$\ell \approx 260,6 \text{ m}$

Lichterkette:
$\ell = \overline{AC} + \overline{BD}$
$\ell = 108,2 \text{ m} + 68,9 \text{ m}$
$\ell \approx 177,1 \text{ m}$

b) Flächeninhalt des rechtwinkligen Dreiecks ABD:

$A_D = \frac{1}{2} \cdot \overline{AB} \cdot \overline{AD}$
$A_D = \frac{1}{2} \cdot 45,7 \text{ m} \cdot 51,5 \text{ m}$
$A_D = 1176,8 \text{ m}^2$

Flächeninhalt der rechteckigen Bühne
$A_R = \ell \cdot b$
$A_R = 10 \text{ m} \cdot 5 \text{ m}$
$A_R = 50 \text{ m}^2$

Somit gilt folgendes Verhältnis

$\frac{x \%}{100 \%} = \frac{A_R}{A_D} = \frac{50 \text{ m}^2}{1176,8 \text{ m}^2}$
$x \approx 4,25$

Von der Bühne werden ca. 4,25 Prozent des Schulhofteils verdeckt.

c) Um den Zusammenhang der Altersangaben der Mathematiklehrerin und des Schülers zu erkennen, hilft die folgende Übersicht:

Altersangabe	Lehrerin	Schüler	Gleichung
gegenwärtiges Alter	x	y	
Alter vor 7 Jahren	x – 7	y – 7	(I) x – 7 = 6(y – 7)
Alter in 5 Jahren	x + 5	y + 5	(II) x + 5 = 3(y + 5)

Beim Aufstellen der beiden Gleichungen ist darauf zu achten, welche der beiden Altersangaben mit dem entsprechenden Faktor zu multiplizieren ist.
Die Lösung des Gleichungssystems erfolgt hier mittels Additionsverfahren, andere Verfahren führen natürlich auch zum Ziel.

Ausmultipliziert erhält man dann:
```
      (I)    x –  7 = 6y – 42
      (II)   x +  5 = 3y + 15
(I)–(II)       – 12 = 3y – 57     | + 57
                 45 = 3y          | : 3
                  y = 15            (Alter des Schülers)
```

Setzt man y = 15 in die Gleichung (I) oder (II) ein, dann erhält man x = 55, was dem Alter der Mathematiklehrerin entspricht.

d) Gegeben: $y = f(x) = 3 \cdot \sin x$

$y = g(x) = -\dfrac{3}{2} \cdot \sin x$

Als Hilfestellung bei der grafischen Darstellung kann die folgende Wertetabelle dienen:

x	0	$\dfrac{\pi}{6}$	$\dfrac{\pi}{4}$	$\dfrac{\pi}{3}$	$\dfrac{\pi}{2}$	π	$\dfrac{3\pi}{2}$	2π
$y = f(x) = 3 \cdot \sin x$	0	$\dfrac{3}{2}$	$\dfrac{3}{2}\sqrt{2}$	$\dfrac{3}{2}\sqrt{3}$	3	0	–3	0
$y = g(x) = -\dfrac{3}{2} \cdot \sin x$	0	$-\dfrac{3}{4}$	$-\dfrac{3}{4}\sqrt{2}$	$-\dfrac{3}{4}\sqrt{3}$	$-\dfrac{3}{2}$	0	$\dfrac{3}{2}$	0

Durch inhaltliche Überlegungen gelangt man auch sofort zur grafischen Darstellung, wenn man bedenkt, dass es sich bei der Funktion f um eine mit dem Parameter 3 in Richtung der y-Achse gestreckte Sinusfunktion y = sin x handelt.
Die Funktion g wird zuerst um den Parameter $\dfrac{3}{2}$ in Richtung der y-Achse im Vergleich zu y = sin x gestreckt und dann an der x-Achse gespiegelt.

Grafische Darstellung der Funktionen f und g:
Zum Verständnis ist die Funktion y = sin x mit eingezeichnet.

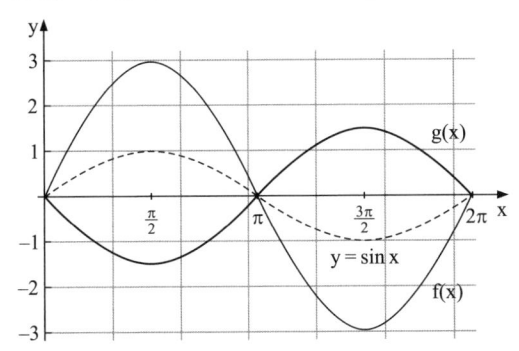

Parallelogramm ABCD mit

$A\left(\frac{\pi}{2};3\right)$, $B\left(\frac{\pi}{2};-\frac{3}{2}\right)$, $C\left(\frac{3\pi}{2};-3\right)$, $D\left(\frac{3\pi}{2};\frac{3}{2}\right)$

Die Funktionswerte sind aus der Wertetabelle entnommen bzw. berechnet worden.

In der folgenden Skizze ist das Parallelogramm ABCD dargestellt:

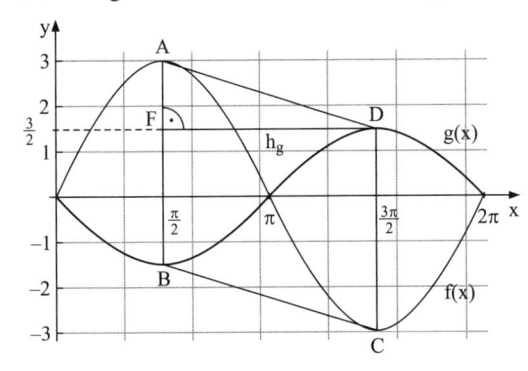

Flächeninhalt A des Parallelogramms:

$A = g \cdot h_g$

$A = \frac{9}{2} \cdot \pi$ FE

$A = 4{,}5\pi$ FE

$A \approx 14{,}14$ FE

g ... Eine Seite des Parallelogramms, hier der Abstand der Punkte A und B: $g = 3 - \left(-\frac{3}{2}\right) = \frac{9}{2} = 4{,}5$

h_g ... Höhe auf der Seite g, d. h. senkrechter Abstand zur gegenüberliegenden Seite: $h_g = \frac{3\pi}{2} - \frac{\pi}{2} = \pi$

Zur Berechnung des Umfangs u des Parallelogramms werden die Seitenlängen benötigt:

$\overline{AB} \triangleq g = \frac{9}{2} = 4,5$

$\overline{AB} = \overline{CD}$

$\overline{BC} = \overline{AD}$

Nach dem Satz des Pythagoras gilt im rechtwinkligen Dreieck AFD:

$\overline{AD}^2 = \overline{AF}^2 + \overline{DF}^2 \qquad \overline{DF} \triangleq h_g$

$\overline{AD}^2 = \left(3 - \frac{3}{2}\right)^2 + \pi^2$

$\underline{\underline{\overline{AD} \approx 3,48 \text{ LE}}} = \overline{BC}$

Damit gilt für den Umfang u:

$u = 2 \cdot (\overline{AB} + \overline{BC})$

$u = 2 \cdot (4,5 + 3,48)$

$\underline{\underline{u \approx 15,96 \text{ LE}}}$

e) 1. Die Anzahl der möglichen Sitzverteilungen ermittelt man durch die folgenden Überlegungen:
Die erste Person hat 6 verschiedene Möglichkeiten, Platz zu nehmen, die zweite Person dann nur noch 5 Möglichkeiten, die dritte 4 und die vierte Person kann noch aus 3 übriggebliebenen Plätzen wählen:
$6 \cdot 5 \cdot 4 \cdot 3 = \underline{\underline{360}}$

Es sind somit 360 verschiedene Arten möglich.

2. $P(rw) = \frac{15}{20} \cdot \frac{5}{19} = \underline{\underline{\frac{15}{76}}}$

Erstes Ziehen:
15 rote Kugeln aus einer Gesamtmenge von 20 Kugeln

Zweites Ziehen:
5 weiße Kugeln aus einer Gesamtmenge von nur noch 19 Kugeln

3. Die Situation kann man sich folgendermaßen vorstellen.
Man legt die 20 Zwiebeln in eine Reihe nebeneinander. Jede dieser Zwiebeln keimt mit einer Wahrscheinlichkeit von 90 %, das entspricht einer Erfolgswahrscheinlichkeit von 0,9. Somit keimt eine Zwiebel mit einer Wahrscheinlichkeit von 0,1 nicht.

Sollen nun genau 19 keimen, dann darf genau eine nicht keimen, sie kann dabei in dieser Reihe an erster Stelle, zweiter Stelle, ... oder zwanzigster Stelle liegen, also 20 verschiedene derartige Anordnungen sind möglich.

P(genau 19 keimen) = $0,9^{19}$ · $0,1^1$ · 20 = 0,27

- 19 Zwiebeln keimen mit einer Wahrscheinlichkeit von 0,9
- Genau eine Zwiebel keimt nicht
- 20 verschiedene Möglichkeiten, wo sich die nichtkeimende Zwiebel befindet.

Wahlaufgabe A2

a) Gegeben: $y = f(x) = x + 1$

$y = g(x) = -\frac{1}{2}x^2 + 1$

$y = h(x) = (x+1)^3$

Als Hilfe für die grafische Darstellung der Funktionen g und h kann eine Wertetabelle angefertigt werden:

x	−3	−2	−1	0	1	2	3
$y = g(x) = -\frac{1}{2} \cdot x^2 + 1$	−3,5	−1	0,5	1	0,5	−1	−3,5
$y = h(x) = (x+1)^3$	−8	−1	0	1	8	...	

Bei der linearen Funktion f handelt es sich um eine Gerade mit der Steigung 1, die die y-Achse an der Stelle 1 schneidet.
Bei der Funktion g handelt es sich um eine nach unten geöffnete, in Richtung der y-Achse gestauchte Parabel.
Die Funktion h ist eine um den Parameter 1 nach links verschobene Funktion $y = x^3$. Diese kann mit einer handelsüblichen Schablone x^3 gezeichnet werden.

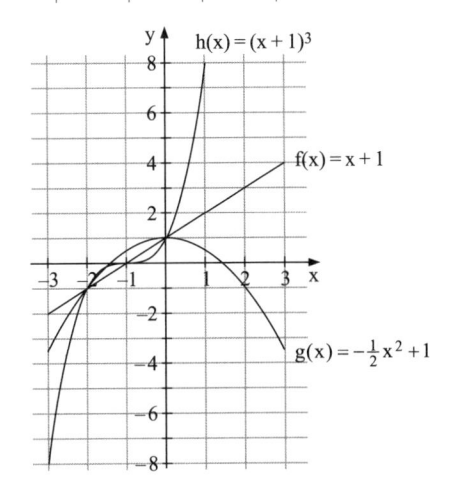

Nachweis gemeinsamer Punkte:

Die effektivste Möglichkeit dieses Nachweises besteht darin, die Koordinaten der gemeinsamen Punkte aus der grafischen Darstellung abzulesen und diese in die Funktionsgleichungen einzusetzen, um die Gleichheit zu bestätigen.

1. $P_1(-2; -1)$ $y = f(-2) = \quad -2+1 = \underline{-1}$

   $y = g(-2) = -\dfrac{1}{2}(-2)^2 + 1 = \underline{-1}$

   $y = h(-2) = \quad (-2+1)^3 = \underline{-1}$

2. $P_2(0; 1)$ $y = f(0) = \quad 0+1 = \underline{1}$

   $y = g(0) = -\dfrac{1}{2} \cdot 0^2 + 1 = \underline{1}$

   $y = h(0) = \quad (0+1)^3 = \underline{1}$

Damit sind zwei Punkte gefunden, die zu diesen drei Funktionen gehören.

Selbstverständlich kann man auch durch Gleichsetzen der entsprechenden Funktionsgleichungen die so entstandenen Gleichungen lösen, um die Koordinaten der gemeinsamen Punkte zu erhalten.

Diese Methode soll jetzt benutzt werden, um die gemeinsamen Punkte der Funktionen f und h zu berechnen.

$f(x) = h(x)$
$x + 1 = (x+1)^3$

Hier kann man bereits erkennen, dass $\underline{x = -1}$ eine Lösung dieser Gleichung ist.

Auf keinen Fall darf man durch $(x + 1)$ dividieren, da für $x = -1$ eine nicht äquivalente Umformung stattfindet.

Ausmultiplizieren liefert hier

$x + 1 = x^3 + 3x^2 + 3x + 1 \quad | -x - 1$
$\quad 0 = x^3 + 3x^2 + 2x$
$\quad \underline{0 = x(x^2 + 3x + 2)}$

Fall 1: $x_1 = 0$ als Lösung bekannt
Fall 2: $x^2 + 3x + 2 = 0$
Die Lösung dieser quadratischen Gleichung liefert:
       $x_2 = -2$ als Lösung bekannt
       $\underline{\underline{x_3 = -1}}$

$y = f(-1) = 0$
Ein weiterer gemeinsamer Punkt ist $P(-1; 0)$.

b) Gegeben: $y = f(x) = \sqrt[3]{x}$ $\quad x \geq 0$
$y = g(x) = a \cdot 2^x$

Gemeinsamer Punkt von f und g an der Stelle $x_S = 8$:

$f(x_S) = g(x_S)$
$\sqrt[3]{8} = a \cdot 2^8$
$2 = 2^8 \cdot a \qquad |:2$
$1 = 2^7 \cdot a \qquad |:2^7$
$\underline{\underline{a = \dfrac{1}{2^7} = \dfrac{1}{128}}}$

Bestimmen des Wertes für x, für den $g(x) = 512$ gilt:

$g(x) = 512 = \dfrac{1}{128} \cdot 2^x \qquad |\cdot 128$

$2^x = 65\,536 \qquad |\lg$

$\lg 2^x = \lg 65\,536 \qquad$ Anwendung Logarithmengesetze

$x \cdot \lg 2 = \lg 65\,536 \qquad |:\lg 2$

$\underline{\underline{x = 16}}$

oder:

$g(x) = 512 = \dfrac{1}{128} \cdot 2^x \qquad 512 = 2^9$

$2^9 = \dfrac{1}{2^7} \cdot 2^x \qquad |\cdot 2^7$

$2^{16} = 2^x$

$\underline{\underline{x = 16}}$

Ermitteln der Umkehrfunktion $\overline{f}$ von f:

f(x): $\quad y = \sqrt[3]{x} \qquad |\;(\;)^3 \qquad$ Umstellen nach x
$\quad\quad\;\; y^3 = x \qquad\qquad\quad$ Variablentausch
$\quad\quad\;\; \underline{\underline{y = x^3 = \overline{f}(x)}}$

c) Für die gerade quadratische Pyramide gilt:
Höhe: $h_P = 30$ cm
Grundkantenlänge: $a = 20$ cm

$$V_P = \frac{1}{3} \cdot A_G \cdot h$$

$$V_P = \frac{1}{3} \cdot a^2 \cdot h_P$$

Für den geraden Kreiskegel gilt:
Höhe: $h_K = 30$ cm
Grundflächendurchmesser: $d = 20$ cm

$$V_K = \frac{1}{3} \cdot A_G \cdot h$$

$$V_K = \frac{1}{3} \cdot \frac{\pi}{4} \cdot d^2 \cdot h_K$$

Verhältnis:

$$\frac{V_P}{V_K} = \frac{\frac{1}{3} \cdot a^2 \cdot h_P}{\frac{1}{3} \cdot \frac{\pi}{4} \cdot d^2 \cdot h_K}$$

Da $h_P = h_K$ und $a = d$ kann gekürzt werden:

$$\frac{V_P}{V_K} = \frac{1}{\frac{\pi}{4}}$$

$$\frac{V_P}{V_K} = \frac{4}{\pi} = 4 : \pi$$

Nun soll gelten:
$$V_K = V_P$$

$$\frac{1}{3} \cdot \frac{\pi}{4} \cdot d^2 \cdot h_K = \frac{1}{3} \cdot a^2 \cdot h_P$$

Da weiterhin $h_K = h_P$ ist und $a = 20$ cm beträgt, gilt:

$\frac{\pi}{4} \cdot d^2 = (20 \text{ cm})^2 \qquad \Big| \cdot \frac{4}{\pi}$

$d^2 = \frac{4}{\pi} \cdot 400 \text{ cm}^2$

$d^2 = \frac{1600 \text{ cm}^2}{\pi}$

$d = \frac{40}{\sqrt{\pi}} \text{ cm} \qquad \frac{1}{\sqrt{\pi}} \cdot \frac{\sqrt{\pi}}{\sqrt{\pi}} = \frac{\sqrt{\pi}}{\pi}$

$d = \frac{40}{\pi} \cdot \sqrt{\pi} \text{ cm}$

$\underline{\underline{d \approx 22,6 \text{ cm}}}$

Der Grundflächendurchmesser des Kreiskegels müsste damit etwa 22,6 cm sein.

d) Gegeben: Viereck ABCD mit beweglichen Scharnieren A, B, C und D.

$\overline{AB} = 12$ cm
$\overline{BC} = 9$ cm
$\overline{CD} = 10$ cm
$\overline{AD} = 8$ cm

Modell 1: A, D und C liegen auf einer Geraden
Gesucht: Winkel $\angle ACB = \gamma$

Skizze:

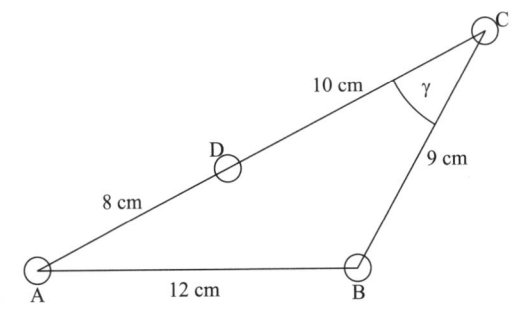

(Skizze nicht maßstäblich)

Die Größe des Winkels $\angle ACB = \gamma$ berechnet man mit dem Kosinussatz im Dreieck ABC:

$$\overline{AB}^2 = \overline{BC}^2 + (\overline{AD} + \overline{CD})^2 - 2 \cdot \overline{BC} \cdot (\overline{AD} + \overline{CD}) \cdot \cos\gamma$$

$$\cos\gamma = \frac{\overline{BC}^2 + (\overline{AD} + \overline{CD})^2 - \overline{AB}^2}{2 \cdot \overline{BC} \cdot (\overline{AD} + \overline{CD})}$$

$$\cos\gamma = \frac{(9\text{ cm})^2 + (8\text{ cm} + 10\text{ cm})^2 - (12\text{ cm})^2}{2 \cdot 9\text{ cm} \cdot (8\text{ cm} + 10\text{ cm})}$$

$$\underline{\underline{\gamma \approx 36{,}3°}}$$

Modell 2: Winkel $\angle ABC = 90°$
Gesucht: Winkel $\angle ACB = \gamma$
Skizze:

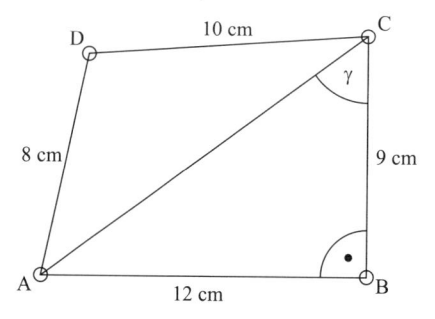

(Nicht maßstäblich)

Die Größe des Winkels $\angle ACB = \gamma$ berechnet man mithilfe der Winkelbeziehungen im rechtwinkligen Dreieck ABC.

$$\tan\gamma = \frac{\overline{AB}}{\overline{BC}}$$

$$\tan\gamma = \frac{12\text{ cm}}{9\text{ cm}}$$

$$\underline{\underline{\gamma \approx 53{,}1°}}$$

Besondere Leistungsfeststellung Thüringen 10. Klasse Mathematik 2009

Pflichtaufgabe

a) Einem Sportklub gehört das Gelände ABCDE. Von der Stadt kann er zusätzlich das Wiesengrundstück EDCF erwerben.

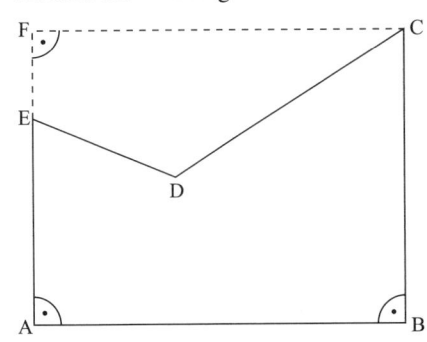

$\overline{AB} = 630$ m
$\overline{BC} = 480$ m
$\overline{CD} = 460$ m
$\overline{DE} = 210$ m
$\overline{AE} = 320$ m

(Skizze nicht maßstäblich)

Berechnen Sie die Entfernung des Punktes E vom Punkt C!
Berechnen Sie den Flächeninhalt des Wiesengrundstücks EDCF! (6 BE)

b) Der Sportklub verfügt über ein Leichtathletikstadion. Das Stadion hat die Form eines Rechtecks mit angesetzten Halbkreisen.
Auf der Tartanbahn befinden sich 8 Laufbahnen nebeneinander. Jede Laufbahn hat eine Breite von 1,25 m. Die rechteckige Innenfläche des Stadions ist mit Rasen bewachsen.

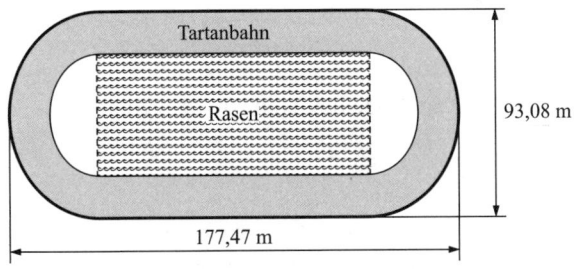

93,08 m
177,47 m

(Skizze nicht maßstäblich)

Berechnen Sie den Flächeninhalt der Tartanbahn und den Flächeninhalt des Rasenstücks! (6 BE)

c) Zu den attraktivsten Wettkämpfen in der Leichtathletik gehört der 3 000-Meter-Hindernislauf. Eines der Hindernisse dabei ist der Wassergraben. Die rechteckige Wasseroberfläche hat eine Länge von 350 cm und eine Breite von 366 cm. Unmittelbar vor dem Wassergraben steht ein Hindernis. Direkt hinter dem Hindernis ist der Wassergraben 70 cm tief und läuft nach 30 cm geradlinig zur Laufbahn aus.

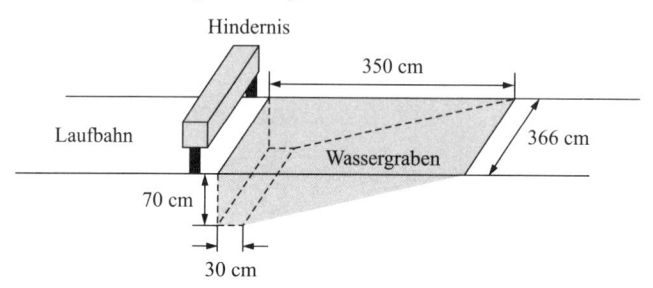

(Skizze nicht maßstäblich)

Der Wasserspiegel schließt mit der Laufbahn ab.
Berechnen Sie, wie viel Liter Wasser zum Füllen des Grabens notwendig sind! (3 BE)

d) Beim Kugelstoßen bewegt sich die Kugel annähernd auf einer Parabelbahn. Die Wurfbahn eines Stoßes kann durch die Funktionsgleichung
$y = f(x) = -\dfrac{11}{200} x^2 + x + 2$ beschrieben werden.

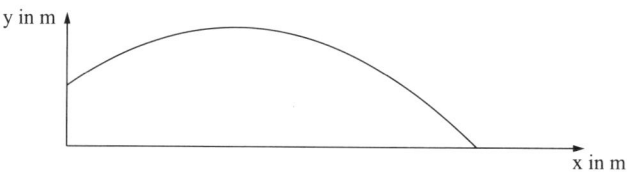

(Skizze nicht maßstäblich)

Welche Bedeutung hat die Zahl 2 am Ende des Terms für den Kugelstoßversuch?
Berechnen Sie die erzielte Weite! (3 BE)

e) An einem 100-Meter-Lauf nehmen 8 Läufer teil.
Wie viele verschiedene Zieleinläufe sind dabei möglich, wenn alle Läufer verschiedene Zeiten erreichen?
Bei diesem Lauf qualifizieren sich die ersten drei direkt für die nächste Runde. Wie viele Möglichkeiten gibt es dafür? (2 BE)

Wahlaufgabe A1

Gegeben sind die Funktionen f und g durch die Gleichungen $y = f(x) = 2x^2 + c$ mit $c \in \mathbb{R}$ und $y = g(x) = 3\cos x$ ($x \in \mathbb{R}$).

a) Geben Sie für die Funktion f die Anzahl der Nullstellen in Abhängigkeit von c an!
   Beschreiben Sie den Einfluss des Faktors 2 auf den Verlauf des Graphen im Vergleich zum Graphen von $h(x) = x^2$! (3 BE)

Für die folgenden Aufgaben sei $c = -\frac{\pi^2}{2}$.

b) Berechnen Sie für die Funktion f die Nullstellen! Geben Sie die Koordinaten des Scheitelpunktes des Graphen der Funktion f an!
   Skizzieren Sie den Graphen der Funktion im Intervall $-2 \leq x \leq 2$! (4 BE)

c) Geben Sie zwei Eigenschaften der Funktion g an und skizzieren Sie den Graphen der Funktion in das Koordinatensystem von Teilaufgabe b! (3 BE)

d) Die Punkte $A\left(-\frac{\pi}{2}; f\left(-\frac{\pi}{2}\right)\right)$, $B(0; f(0))$, $C\left(\frac{\pi}{2}; f\left(\frac{\pi}{2}\right)\right)$ und $D(0; g(0))$ bilden ein Viereck.
   Geben Sie die Art des Vierecks und gegebenenfalls eine Symmetrieachse an!
   Berechnen Sie den Flächeninhalt des Vierecks ABCD! (4 BE)

In einer Urne liegen vier rote und sechs blaue Kugeln.

e) Es werden drei Kugeln entnommen.
   Mit welcher Wahrscheinlichkeit ist darunter mindestens eine rote Kugel, wenn
   (1) nacheinander und mit Zurücklegen
   (2) mit einem Griff
   gezogen wird? (4 BE)

f) Alle Kugeln liegen wieder in der Urne. Sie werden nacheinander herausgenommen und in eine Reihe gelegt.
   Mit welcher Wahrscheinlichkeit liegen alle roten Kugeln nebeneinander am Anfang der Reihe? (2 BE)

Wahlaufgabe A 2

Die Klasse 10a führt die diesjährige Klassenfahrt als Kanutour durch.

a) Die Klasse besteht aus 12 Mädchen und 12 Jungen. Jedes Boot wird mit drei Personen besetzt. Für die Schüler stehen 8 Boote mit den Nummern 1 bis 8 zur Verfügung.
Wie viele verschiedene Bootsbesetzungen gibt es für das Boot mit der Nummer 1, wenn die 24 Schüler zufällig auf die 8 Boote aufgeteilt werden?
Wie groß ist die Wahrscheinlichkeit dafür, dass die drei Freundinnen Claudia, Luisa und Nadine zusammen im Boot mit der Nummer 1 sitzen?
Wie viele verschiedene Bootsbesetzungen sind für das Boot mit der Nummer 1 möglich, wenn 4 Boote nur mit Jungen und die anderen 4 Boote nur mit Mädchen zufällig besetzt werden? (5 BE)

b) Am ersten Tag führt die Tour vom Ausgangspunkt A zur Burg B und anschließend zum Camp C. Die drei Tourpunkte liegen direkt am Fluss, der in diesem Abschnitt halbkreisförmig verläuft.
(Die Flussbreite wird hier nicht berücksichtigt.)

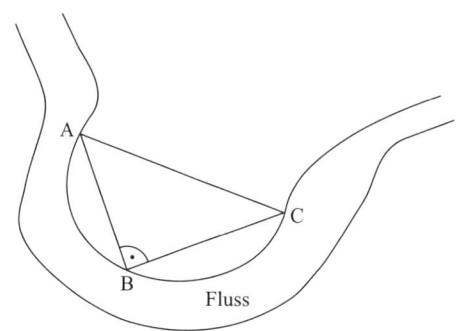

$\overline{AB} = 9,8$ km
$\overline{BC} = 13,2$ km
$\angle ABC = 90°$

(Skizze nicht maßstäblich)

Berechnen Sie die an diesem Tag von den Schülern auf dem Fluss zurückgelegte Strecke!
Am ersten Tag transportiert Familie Förster das gesamte Gepäck der Klasse 10a vom Ausgangspunkt A direkt zum Camp C.
Die Strecke ist ein Waldweg, der höchstens mit einer Geschwindigkeit von 20 $\frac{km}{h}$ befahren wird.
Berechnen Sie, wann Familie Förster spätestens in A abfahren muss, damit das Gepäck um 18.30 Uhr im Camp ist! (5 BE)

c) In der Nähe des Flusses befindet sich ein zylinderförmiger Turm. Seine Höhe ist genau so groß wie sein Umfang.
Berechnen Sie die Höhe und das Volumen des Turmes, wenn sein Durchmesser 10 m beträgt!
Wie viel Grad über dem Horizont steht die Sonne, wenn der Schatten des Turmes 35 m lang ist? (6 BE)

d) In der nachfolgenden Auswertung der Klassenfahrt im Mathematikunterricht stellen die Schüler fest, dass ein Teil des Flusslaufes nahezu exakt dem Verlauf einer Exponentialfunktion der Form $y = f(x) = b \cdot a^x$ entspricht.
Ermitteln Sie die Gleichung der Funktion, wenn die Punkte P(0; 1,5) und Q(3; 4,5) des Graphen bekannt sind!
Geben Sie die Gleichung einer weiteren, von Ihnen selbst gewählten Funktion an, deren Graph ebenfalls durch diese beiden Punkte verläuft! (4 BE)

$f(x) = b \cdot a^x \quad |:b$

$a^x = \frac{f(x)}{b}$

$\Rightarrow b = 1{,}5$

$\sqrt[x]{a^x} = \sqrt[x]{\frac{f(x)}{b}}$

$\sqrt[3]{a^x} = \sqrt[3]{\frac{4{,}5}{b}}$

$a = \sqrt[x]{\frac{f(x)}{b}}$

$a = \sqrt[3]{\frac{4{,}5}{1{,}5}}$

$a = 1{,}44$

$f(x) = 1{,}5 \cdot 1{,}44^x$

Tipps und Hinweise zu den Lösungen

Pflichtaufgabe

a)

- Zeichnen Sie vom Punkt E aus eine Hilfslinie, sodass ein rechtwinkliges Dreieck mit der Hypotenuse $\overline{EC}$ entsteht.
- Das gesamte Flächenstück besteht aus zwei Dreiecksflächen.
- Für den Flächeninhalt des Dreiecks EDC benötigt man die Größe eines Innenwinkels. Bestimmen Sie diesen mit dem Kosinussatz. Achten Sie darauf, dass man zuerst den Winkel berechnen soll, der der größten Seite im Dreieck gegenüberliegt.

b)

- Teilen Sie die Fläche der Tartanbahn in Ihnen bekannte Teilflächen auf.
- Die Tartanbahn besteht aus je zwei gleich großen geraden Laufbahnen und Kreisbahnen. Die geraden Laufbahnen sind Rechteckflächen und die zwei Kreisbahnen lassen sich zu einem Kreisring zusammenfügen.
- Bestimmen Sie die Radien des Kreisrings. Beachten Sie dabei, dass die Tartanbahn eine Breite von 8 Laufbahnen hat.

c)

- Betrachten Sie den Wassergraben als Prisma, das auf einer seiner Seitenflächen liegt.
- Bei der Grund- bzw. Deckfläche des Prismas handelt es sich um ein Trapez.
- Unterscheiden Sie zwischen der Höhe des Trapezes und der Höhe des Prismas.

d)

- Wiederholen Sie Ihre Kenntnisse über den Einfluss des Parameters c auf die Funktion $y = x^2 + c$. Überlegen Sie sich die Bedeutung der Angaben auf der y-Achse.
- Die erzielte Weite wird durch eine Nullstelle der Funktion f beschrieben.

e)

- Wiederholen Sie Ihre Kenntnisse zur Kombinatorik.
- Bestimmen Sie, wie viele Möglichkeiten jeder der 8 Läufer hat, wenn diese der Reihe nach das Ziel erreichen.
- Bei der Bestimmung der Anzahl der ersten drei Läufer handelt es sich um eine Kombination ohne Wiederholung. Nutzen Sie den Binomialkoeffizienten.

Wahlaufgabe A1

a)

- Wiederholen Sie Ihre Kenntnisse über den Einfluss der Parameter a und c auf die Funktion $y = ax^2 + c$.
- Der Parameter c bewirkt eine Verschiebung des Graphen um c Einheiten entlang der y-Achse, beachten Sie dabei die Anzahl der Nullstellen.
- Der Parameter a bewirkt eine Streckung bzw. Stauchung des Graphen der Funktion in Richtung der y-Achse.

b)

- Stellen Sie die Gleichung nach x^2 um und ziehen Sie dann die Wurzel. Beachten Sie dabei: $\sqrt{x^2} = |x|$
- Der Graph der Funktion $y = f(x) = ax^2 + c$ hat die Scheitelpunktkoordinaten S(0; c).

c)

- Wiederholen Sie die Eigenschaften der Kosinusfunktion und beachten Sie die Bedeutung des Parameters a bei der Funktion $y = g(x) = a\cos x$.

d)

- Bestimmen Sie die Koordinaten der Punkte A, B, C sowie D.
- Beurteilen Sie deren Lage im Koordinatensystem hinsichtlich der Symmetrie.
- Wiederholen Sie die Arten der Vierecke.
- Zerlegen Sie das Viereck ABCD in zwei kongruente Dreiecke.

e)

- Beschreiben Sie das Ereignis „mindestens eine rote Kugel" mithilfe der Anzahl der blauen Kugeln.
- Beachten Sie die verschiedenen Wahrscheinlichkeiten bei einem Ziehungsvorgang ohne Zurücklegen bzw. mit Zurücklegen.

f)

- Hier findet ein Ziehungsvorgang ohne Zurücklegen statt, bei dem die roten Kugeln zuerst gezogen werden müssen.

Wahlaufgabe A2

a)

- Wiederholen Sie Ihre Kenntnisse zur Kombinatorik.
- 1. Bei der Bestimmung der Anzahl aller möglichen Bootsbesetzungen handelt es sich um eine Kombination ohne Wiederholung. Nutzen Sie den Binomialkoeffizienten.
- 2. Hierbei handelt es sich um genau ein Ereignis von 1.
- 3. Bei der Bestimmung der Anzahl aller möglichen Bootsbesetzungen der Jungen und der Mädchen handelt es sich ebenfalls um eine Kombination ohne Wiederholung. Nutzen Sie den Binomialkoeffizienten.

b)

- Die Strecke $\overline{AC}$ ist der Durchmesser des Halbkreises über $\overline{AC}$.
- Die zurückgelegte Strecke ist die Länge des Halbkreises mit dem Durchmesser $d = \overline{AC}$.
- Stellen Sie die Formel der Geschwindigkeit $v = \frac{s}{t}$ nach t um.

c)

- Bedenken Sie, dass die Höhe dem Umfang entspricht und berechnen Sie zuerst den Umfang mit dem vorgegebenen Durchmesser.
- Fertigen Sie eine Skizze an. Die Höhe des Turms und dessen Schatten sind die Katheten in einem rechtwinkligen Dreieck.
- Berechnen Sie den Winkel mittels der Winkelbeziehungen im rechtwinkligen Dreieck.

d)

- Setzen Sie die Koordinaten der Punkte P und Q in die Gleichung der Exponentialfunktion ein und lösen Sie das entstandene Gleichungssystem.
- Stellen Sie die Gleichung einer linearen Funktion durch die Punkte P und Q auf.

Lösungen

Pflichtaufgabe

a) Gegeben: Gelände ABCDE mit Wiesengrundstück EDCF
$\overline{AB} = 630$ m
$\overline{BC} = 480$ m
$\overline{CD} = 460$ m
$\overline{DE} = 210$ m
$\overline{AE} = 320$ m

Gesucht: Länge der Strecke $\overline{EC}$
Flächeninhalt des Wiesengrundstücks EDCF

Skizze:

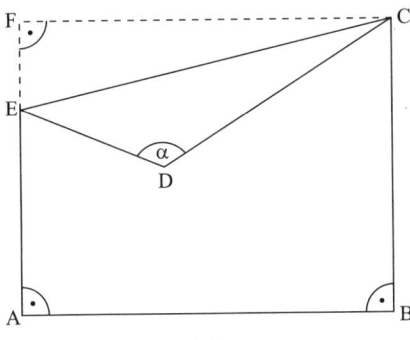

(Skizze nicht maßstäblich)

Die zu berechnende Strecke $\overline{EC}$ ist die Hypotenuse im rechtwinkligen Dreieck ECF.

Nach dem Satz des Pythagoras gilt:

$\overline{EC}^2 = \overline{EF}^2 + \overline{FC}^2$ da $\overline{FC} = \overline{AB}$ und $\overline{AF} = \overline{BC}$ ist
$\overline{EC}^2 = (160\text{ m})^2 + (630\text{ m})^2$ $\overline{EF} = \overline{AF} - \overline{AE}$
$\overline{EC} = 650$ m $\overline{EF} = \overline{BC} - \overline{AE}$
   $\overline{EF} = 480\text{ m} - 320\text{ m}$
   $\overline{EF} = 160$ m

Die Entfernung des Punktes E vom Punkt C beträgt 650 m.

Der Flächeninhalt A des Wiesengrundstücks EDCF setzt sich aus den Dreiecksflächen A_1 und A_2 der Dreiecke ECF und EDC zusammen.

Flächeninhalt A_1 des rechtwinkligen Dreiecks ECF:

$A_1 = \dfrac{1}{2} \cdot \overline{EF} \cdot \overline{FC}$

$A_1 = \dfrac{1}{2} \cdot 160 \text{ m} \cdot 630 \text{ m}$

$\underline{\underline{A_1 = 50\,400 \text{ m}^2}}$

Flächeninhalt A_2 des Dreiecks EDC:

Um den Flächeninhalt dieses Dreiecks zu berechnen, benötigt man die Größe eines Innenwinkels. Dieses Dreieck ist durch drei Seitenlängen gegeben und somit berechnet man den größten Innenwinkel ∢CDE = α (liegt der größten Seite gegenüber) mit dem Kosinussatz.

Damit gilt:

$\overline{EC}^2 = \overline{DE}^2 + \overline{CD}^2 - 2 \cdot \overline{DE} \cdot \overline{CD} \cdot \cos\alpha$

Umgestellt nach cos α erhält man:

$\cos\alpha = \dfrac{\overline{DE}^2 + \overline{CD}^2 - \overline{EC}^2}{2 \cdot \overline{DE} \cdot \overline{CD}}$

$\cos\alpha = \dfrac{(210 \text{ m})^2 + (460 \text{ m})^2 - (650 \text{ m})^2}{2 \cdot 210 \text{ m} \cdot 460 \text{ m}}$

$\underline{\alpha \approx 149,7°}$

Für den Flächeninhalt A_2 gilt somit:

$A_2 = \dfrac{1}{2} \cdot \overline{DE} \cdot \overline{CD} \cdot \sin\alpha$

$A_2 = \dfrac{1}{2} \cdot 210 \text{ m} \cdot 460 \text{ m} \cdot \sin 149,7°$

$\underline{\underline{A_2 \approx 24\,400 \text{ m}^2}}$

Der Flächeninhalt des Wiesengrundstücks EDCF hat eine Größe von
$A = A_1 + A_2$
$A = 50\,400 \text{ m}^2 + 24\,400 \text{ m}^2$
$\underline{\underline{A = 74\,800 \text{ m}^2}}$

b) Berechnung des Flächeninhalts der Tartanbahn und des Rasenstücks:

Skizze:

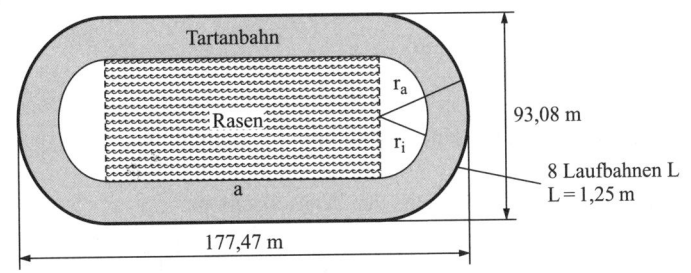

(Skizze nicht maßstäblich)

Der Flächeninhalt der Tartanbahn besteht aus dem Flächeninhalt A_K eines Kreisringes, der durch das Zusammenfügen der beiden Halbkreise entsteht, und dem Flächeninhalt A_L zweier gerader Laufbahnen.

Flächeninhalt A_K des Kreisringes:

A_K = Flächeninhalt Außenkreis − Flächeninhalt Innenkreis

$A_K = A_a - A_i$
$A_K = \pi r_a^2 - \pi r_i^2$
$A_K = \pi (r_a^2 - r_i^2)$
$A_K = \pi ((46,54 \text{ m})^2 - (36,54 \text{ m})^2)$
$\underline{\underline{A_K \approx 2\,610 \text{ m}^2}}$

$r_a = \dfrac{1}{2} \cdot 93,08 \text{ m}$
$\underline{r_a = 46,54 \text{ m}}$

$r_i = r_a - 8\,L$
$r_i = 46,54 \text{ m} - 8 \cdot 1,25 \text{ m}$
$\underline{r_i = 36,54 \text{ m}}$

Flächeninhalt A_L der geraden Laufbahnen:

Die geraden Laufbahnen sind zwei Rechteckflächen A_R.
Die Seitenlängen eines Rechtecks entsprechen der Rasenlänge a und der Breite von 8 Laufbahnen.

$A_L = 2 \cdot A_R$
$A_L = 2 \cdot (a \cdot 8 \cdot 1,25 \text{ m})$
$A_L = 2 \cdot 84,39 \text{ m} \cdot 8 \cdot 1,25 \text{ m}$
$\underline{\underline{A_L \approx 1690 \text{ m}^2}}$

$a = 177,47 \text{ m} - 2 \cdot r_a$
$a = 177,47 \text{ m} - 93,08 \text{ m}$
$\underline{a = 84,39 \text{ m}}$

Die gesamte Tartanbahn hat einen Flächeninhalt von:

$A = A_K + A_L$
$A = 2\,610 \text{ m}^2 + 1690 \text{ m}^2$
$\underline{\underline{A = 4\,300 \text{ m}^2}}$

Flächeninhalt des rechteckigen Rasenstücks:
$A = a \cdot 2r_i$
$A = 84{,}39 \text{ m} \cdot 2 \cdot 36{,}54 \text{ m}$
$A \approx 6\,170 \text{ m}^2$

Das Rasenstück hat eine Fläche von 6 170 m².

c) Berechnung des Volumens des Wassergrabens:
Der Wassergraben hat die Gestalt eines Prismas mit trapezförmiger Grund- bzw. Deckfläche, die Höhe h_P des Prismas entspricht dabei der Breite der Wasseroberfläche von 366 cm.

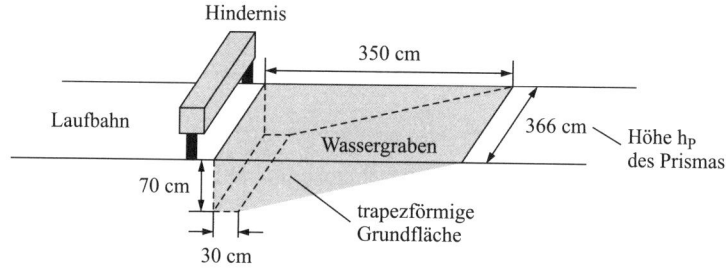

Skizze:

(Skizze nicht maßstäblich)

$V_P = A_T \cdot h_P$
$V_P = 13\,300 \text{ cm}^2 \cdot 366 \text{ cm}$
$V_P = 4\,867\,800 \text{ cm}^3$

A_T = Flächeninhalt Grundfläche

$A_T = \frac{1}{2}(a+c) \cdot h$

$A_T = \frac{1}{2}(30 \text{ cm} + 350 \text{ cm}) \cdot 70 \text{ cm}$

$A_T = 13\,300 \text{ cm}^2$

Um die Füllmenge des Wassergrabens in Liter auszurechnen, muss man das Volumen V_P in dm³ umwandeln, denn es gilt: $1 \text{ dm}^3 \hat{=} 1 \ell$

$V_P = 4\,867\,800 \text{ cm}^3$ $1 \text{ dm}^3 = 1\,000 \text{ cm}^3$
$V_P = 4\,867{,}8 \text{ dm}^3$
$V_P \approx 4\,870 \ \ell$

Zum Füllen des Grabens sind etwa 4 870 Liter Wasser notwendig.

d) Durch die folgende Funktionsgleichung wird die Wurfbahn beschrieben:
$y = f(x) = -\frac{11}{200}x^2 + x + 2$

Die Zahl 2 am Ende des Terms gibt die Schnittstelle des Graphen der Funktion f mit der y-Achse an.

Für den Kugelstoßversuch hat die Zahl 2 die Bedeutung, dass die Abstoßhöhe der Kugel 2 Meter beträgt.

Um die erzielte Weite zu berechnen, ermittelt man die Nullstelle des Graphen der Funktion f für $x > 0$. Dazu löst man die folgende quadratische Gleichung.

$$0 = -\frac{11}{200}x^2 + x + 2 \quad \bigg| \cdot \left(-\frac{200}{11}\right)$$

$$0 = x^2 - \frac{200}{11}x - \frac{400}{11}$$

$$x_{1/2} = -\frac{p}{2} \pm \sqrt{\left(\frac{p}{2}\right)^2 - q}$$

$$x_{1/2} = \frac{100}{11} \pm \sqrt{\frac{10\,000}{121} + \frac{400}{11}}$$

$$x_{1/2} = \frac{100}{11} \pm \sqrt{\frac{14\,400}{121}}$$

$$x_{1/2} = \frac{100}{11} \pm \frac{120}{11}$$

$\underline{x_1 = 20}$ $\qquad x_2 = -\frac{20}{11}$ (entfällt)

Die erzielte Weite beträgt 20 Meter.

e) Für den Zieleinlauf aller 8 Läufer gibt es
$8! = 8 \cdot 7 \cdot 6 \cdot 5 \cdot 4 \cdot 3 \cdot 2 \cdot 1 = \underline{40\,320}$
verschiedene Möglichkeiten.

Bei der Bestimmung der Anzahl der Möglichkeiten, dass sich drei Läufer aus 8 Läufern direkt qualifizieren, handelt es sich um eine Kombination ohne Wiederholung.

Diese Anzahl berechnet man mithilfe des Binomialkoeffizienten $\binom{8}{3}$.

Somit sind es $\binom{8}{3} = \frac{8!}{3! \cdot 5!} = \underline{\underline{56}}$ Möglichkeiten.

Wahlaufgabe A1

Gegeben: $y = f(x) = 2x^2 + c;\quad c \in \mathbb{R}$
$y = g(x) = 3\cos x;\quad x \in \mathbb{R}$

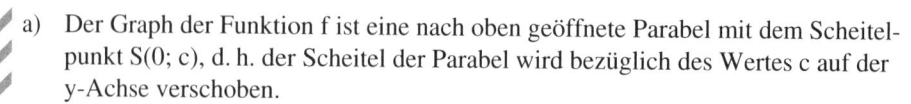

a) Der Graph der Funktion f ist eine nach oben geöffnete Parabel mit dem Scheitelpunkt S(0; c), d. h. der Scheitel der Parabel wird bezüglich des Wertes c auf der y-Achse verschoben.

Daher ergeben sich die folgenden Möglichkeiten für die Anzahl der Nullstellen:

1. Scheitelpunkt S liegt oberhalb der x-Achse:
   c > 0, keine Nullstellen

2. Scheitelpunkt S liegt auf der x-Achse im Koordinatenursprung:
   c = 0, genau eine Nullstelle

3. Scheitelpunkt liegt unterhalb der x-Achse:
   c < 0, genau zwei Nullstellen

Der Faktor 2 in der Funktion f bewirkt eine Streckung des Graphen der Funktion $h(x) = x^2$ in Richtung der y-Achse, d. h. die Parabel verläuft steiler.

Für die folgenden Aufgaben sei $c = -\dfrac{\pi^2}{2}$.

b) $y = f(x) = 2x^2 - \dfrac{\pi^2}{2}$

Nullstellen: $y = f(x) = 0$

$0 = 2x^2 - \dfrac{\pi^2}{2} \qquad \Big| + \dfrac{\pi^2}{2}$

$\dfrac{\pi^2}{2} = 2x^2 \qquad |:2$

$\dfrac{\pi^2}{4} = x^2 \qquad |\sqrt{} \qquad$ Beachte: $\sqrt{x^2} = |x|$

$|x| = \dfrac{\pi}{2}$

$\underline{\underline{x_1 = \dfrac{\pi}{2} \qquad x_2 = -\dfrac{\pi}{2}}}$

Aufgrund der Überlegungen aus Teilaufgabe a kann man die Koordinaten des Scheitelpunktes des Graphen der Funktion f sofort angeben.

$S\left(0; -\dfrac{\pi^2}{2}\right)$

Für das Anfertigen der Skizze kann die folgende Wertetabelle noch hilfreich sein. Der Graph der Funktion f ist achsensymmetrisch zur y-Achse.

x	-2	$-\dfrac{\pi}{2}$	-1	0	1	$\dfrac{\pi}{2}$	2
$f(x) = 2x^2 - \dfrac{\pi^2}{2}$	3,1	0	$-2{,}9$	$-4{,}9$	$-2{,}9$	0	3,1

Skizze:

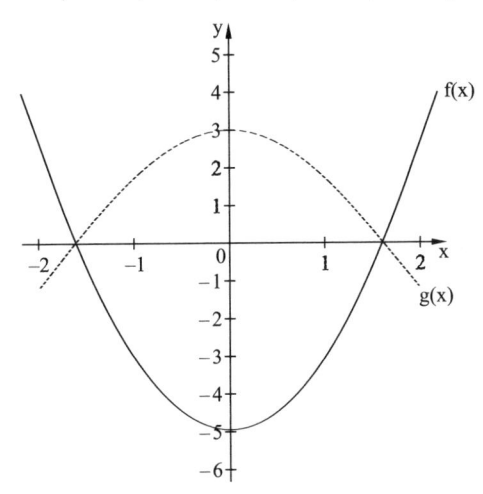

Bemerkung: Der Graph der Funktion g aus Teilaufgabe c ist bereits mit eingezeichnet.

c) $y = g(x) = 3\cos x;\ x \in \mathbb{R}$
Aus den folgenden Eigenschaften können zwei für die Beantwortung der Frage ausgewählt werden:
- Wertebereich: $WB = \{y : -3 \le y \le 3;\ y \in \mathbb{R}\}$
- Nullstellen: $x_0 = \dfrac{\pi}{2} + k \cdot \pi;\ k \in \mathbb{Z}$
- Symmetrie: Der Graph der Funktion ist achsensymmetrisch zur y-Achse
- kleinste Periode: 2π

Weitere sinnvolle Eigenschaften sind natürlich möglich, etwa Monotonie u. a. m.

Die Skizze des Graphen der Funktion g ist bereits im Koordinatensystem unter Teilaufgabe b eingetragen.

Es handelt sich hierbei um den Graphen der Kosinusfunktion cos x, der um den Wert 3 in Richtung der y-Achse gestreckt wurde (siehe auch Wertebereich).

d) In der folgenden Skizze ist das Viereck ABCD dargestellt.

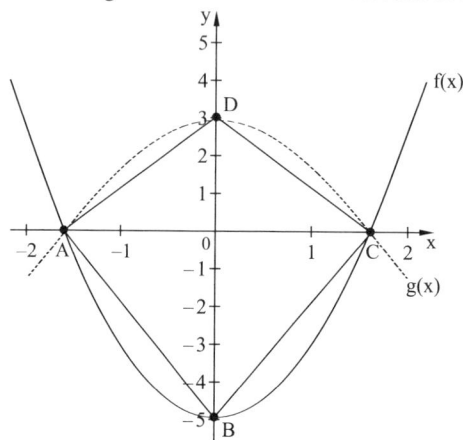

Die Punkte A, B, C, D haben die folgenden Koordinaten:

$A\left(-\dfrac{\pi}{2}; 0\right)$

$B\left(0; -\dfrac{\pi^2}{2}\right)$

$C\left(\dfrac{\pi}{2}; 0\right)$

D(0; 3)

Die Punkte A und C des Vierecks ABCD liegen symmetrisch zur y-Achse, die Punkte B und D liegen auf der y-Achse.

Somit ist das Viereck ABCD wenigstens ein Drachenviereck.
Die Symmetrieachse ist die y-Achse.

Flächeninhalt A des Vierecks ABCD:

Am geeignetsten erscheint, das Viereck ABCD in die beiden kongruenten Dreiecke ABD und BCD zu zerlegen.

Für den Flächeninhalt A_D eines solchen Dreiecks, etwa das Dreieck BCD, gilt:

$A_D = \dfrac{1}{2} g \cdot h_g$

$A_D = \dfrac{1}{2}\left(3 + \dfrac{\pi^2}{2}\right) \cdot \dfrac{\pi}{2}$

g ... Grundseite des Dreiecks, hier Abstand der Punkte D und B.

$g = 3 - \left(-\dfrac{\pi^2}{2}\right) = 3 + \dfrac{\pi^2}{2}$

h_g ... Höhe auf der Seite g

$h_g = \dfrac{\pi}{2}$

2009-16

Der Flächeninhalt A des Vierecks ABCD berechnet sich aus $A = 2 \cdot A_D$ und ist damit:

$$A = 2 \cdot \frac{1}{2}\left(3 + \frac{\pi^2}{2}\right) \cdot \frac{\pi}{2}$$

$$A = \frac{\pi}{2}\left(3 + \frac{\pi^2}{2}\right)$$

$$\underline{\underline{A \approx 12,5 \text{ FE}}}$$

In einer Urne liegen vier rote (r) und sechs blaue (b) Kugeln.

e) Beim Entnehmen von drei Kugeln interessiert das Ereignis „mindestens eine rote Kugel wird gezogen".

Das ist das Gegenereignis (Komplementärereignis) zu „keine rote Kugel wird gezogen", d. h. es werden nur blaue Kugeln gezogen.

Somit ist:
P(„mindestens eine rote Kugel wird gezogen") =
= 1 – P(„keine rote Kugel wird gezogen")
= 1 – P($\bar{r}\ \bar{r}\ \bar{r}$)
= 1 – P(b b b)

Außerdem wird unterschieden, ob mit Zurücklegen oder mit einem Griff (entspricht dem Ziehungsvorgang ohne Zurücklegen) gezogen wird.

(1) Nacheinander Ziehen mit Zurücklegen. Hier gilt:
$$P(\bar{r}\ \bar{r}\ \bar{r}) = P(b\ b\ b)$$
$$= \underbrace{\frac{6}{10} \cdot \frac{6}{10} \cdot \frac{6}{10}}_{\text{6 blaue Kugeln aus einer Gesamtmenge von 10 Kugeln}} = \left(\frac{3}{5}\right)^3$$

$$= \frac{27}{125}$$

Und damit ist:
$$P(\text{„mindestens eine rote Kugel wird gezogen"}) = 1 - \frac{27}{125}$$

$$= \frac{98}{125} = 0,784$$

(2) Ziehen mit einem Griff. Hier gilt:
$$P(\bar{r}\,\bar{r}\,\bar{r}) = P(b\,b\,b)$$
$$= \frac{6}{10} \cdot \frac{5}{9} \cdot \frac{4}{8}$$

Erstes Ziehen:	Zweites Ziehen:	Drittes Ziehen:
6 blaue Kugeln aus einer Gesamtmenge von 10 Kugeln	Nur noch 5 blaue Kugeln aus einer Gesamtmenge von noch 9 Kugeln	Nur noch 4 blaue Kugeln aus einer Gesamtmenge von noch 8 Kugeln

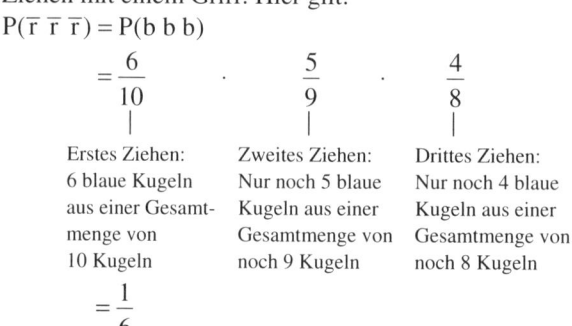

$$= \frac{1}{6}$$

Und damit ist:

$$P(\text{„mindestens eine rote Kugel wird gezogen"}) = 1 - \frac{1}{6}$$
$$= \frac{5}{6} \approx 0{,}833$$

Selbstverständlich erhält man diese Wahrscheinlichkeiten auch nach Anfertigung eines Baumdiagramms und der damit verbundenen Anwendung der Pfadregeln. Es ist auch hier zu beachten, dass beim Ziehen ohne Zurücklegen (bzw. „mit einem Griff") sich die Wahrscheinlichkeit für das Ziehen einer blauen Kugel ändert.

f) Alle Kugeln werden nacheinander herausgenommen und in eine Reihe gelegt. Es findet ein Ziehungsvorgang ohne Zurücklegen statt. Damit die roten Kugeln nebeneinander am Anfang der Reihe liegen, müssen alle vier roten Kugeln am Anfang gezogen werden. Das weitere Ziehen der blauen Kugeln spielt für die Berechnung der Wahrscheinlichkeit keine Rolle mehr.

Dafür gilt:
P(„alle roten Kugeln liegen nebeneinander am Anfang der Reihe") =
= P(„die roten Kugeln werden am Anfang gezogen")
$$= \frac{4}{10} \cdot \frac{3}{9} \cdot \frac{2}{8} \cdot \frac{1}{7} =$$

Erstes Ziehen:	Zweites Ziehen:	Drittes Ziehen:	Viertes Ziehen:
4 rote Kugeln aus einer Gesamtmenge von 10 Kugeln	Nur noch 3 rote Kugeln aus einer Gesamtmenge von noch 9 Kugeln	Nur noch 2 rote Kugeln aus einer Gesamtmenge von noch 8 Kugeln	Nur noch 1 rote Kugel aus einer Gesamtmenge von noch 7 Kugeln

$$= \frac{24}{5\,040} = \underline{\underline{\frac{1}{210}}}$$

Wahlaufgabe A2

a) Die Klasse 10a besteht aus 12 Mädchen und 12 Jungen. Es stehen 8 Boote für je 3 Schülerinnen und Schüler zur Verfügung.

1. Anzahl aller möglichen Bootsbesetzungen

   Die 24 Schülerinnen und Schüler werden hierbei **ohne Wiederholung** und **ohne Berücksichtigung** der Reihenfolge zu Dreiergruppen ausgewählt.

   Daher gibt es $\binom{24}{3} = \dfrac{24!}{3! \cdot 21!} = \underline{\underline{2\,024}}$ Möglichkeiten für die Besetzung des Bootes mit der Nummer 1.

2. Die Möglichkeit, dass die drei Freundinnen Claudia, Luisa und Nadine zusammen im Boot mit der Nummer 1 sitzen, ist eine aus diesen 2 024 möglichen Fällen.

   Die Wahrscheinlichkeit beträgt somit $\underline{\underline{\dfrac{1}{2\,024}}}$.

3. Falls das Boot mit der Nummer 1 nur mit Jungen besetzt werden soll, gibt es $\binom{12}{3}$ Möglichkeiten. Analoges gilt auch für die Mädchen.

   Damit gibt es hierfür
   $\binom{12}{3} + \binom{12}{3} = 2 \cdot \dfrac{12!}{3! \cdot 9!} = \underline{\underline{440}}$ Möglichkeiten.

b) Berechnung der zurückgelegten Strecke s auf dem Fluss

   Skizze:

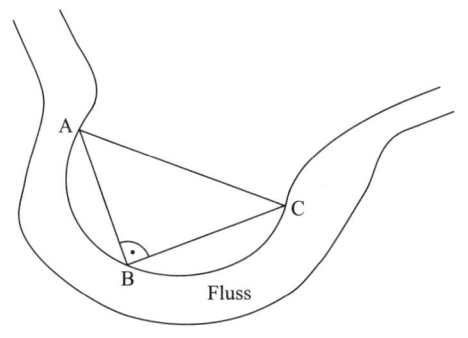

   $\overline{AB} = 9,8 \text{ km}$
   $\overline{BC} = 13,2 \text{ km}$
   $\sphericalangle ABC = 90°$

   (Skizze nicht maßstäblich)

   Die Strecke $\overline{AC}$ ist der Durchmesser des Halbkreises über $\overline{AC}$, da der Winkel $\sphericalangle ABC = 90°$ ist und B auf dem Kreisbogen liegt (Satz des Thales).

2009-19

Für die Berechnung der Streckenlänge s benötigt man die Länge dieses Durchmessers d = $\overline{AC}$.

$\overline{AC}^2 = \overline{AB}^2 + \overline{BC}^2$ (Satz des Pythagoras)

$\overline{AC}^2 = (9,8 \text{ km})^2 + (13,2 \text{ km})^2$

$\overline{AC} \approx 16,4 \text{ km} = d$

$s = \frac{1}{2} \cdot \pi \cdot d$ (Länge des Halbkreises über d)

$s = \frac{1}{2} \cdot \pi \cdot 16,4 \text{ km}$

$s \approx 25,8 \text{ km}$

Die Schüler legen an diesem Tag etwa 25,8 Kilometer mit dem Kanu zurück.

Berechnung der Abfahrtszeit der Familie Förster:

Zuerst berechnet man die nötige Fahrzeit.

$v = \frac{s}{t}$ Umgestellt nach der Zeit

$t = \frac{s}{v}$ $s = \overline{AC} = 16,4 \text{ km}; \quad v = 20 \frac{\text{km}}{\text{h}}$

$t = \frac{16,4 \text{ km}}{20 \frac{\text{km}}{\text{h}}}$

$t = 0,82 \text{ h}$ $1 \text{ h} = 60 \text{ min}$

$t = 0,82 \cdot 60 \text{ min}$

$t \approx 50 \text{ min}$

Familie Förster muss spätestens um 17.40 Uhr abfahren, damit sie um 18.30 Uhr im Camp ist.

c) Zylinderförmiger Turm mit h = u und d = 10 m.
   Berechnung der Höhe und des Volumens:
   $h = u = \pi \cdot d$
   $h = \pi \cdot 10 \text{ m}$
   $h \approx 31,4 \text{ m}$

$$V = \frac{\pi}{4} d^2 \cdot h$$

$$V = \frac{\pi}{4} \cdot (10 \text{ m})^2 \cdot 31,4 \text{ m}$$

$$\underline{\underline{V \approx 2\,470 \text{ m}^3}}$$

Berechnung des Winkels:

Skizze:

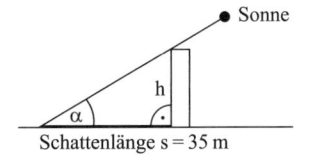

● Sonne

Schattenlänge s = 35 m

(Skizze nicht maßstäblich)

Hier gilt:

$$\tan \alpha = \frac{h}{s}$$

$$\tan \alpha = \frac{31,4 \text{ m}}{35 \text{ m}}$$

$$\underline{\underline{\alpha \approx 41,9°}}$$

Die Sonne steht in einem Winkel von 41,9° über dem Horizont.

d) Gegeben: $y = f(x) = b \cdot a^x$
   $P(0; 1,5)$, $Q(3; 4,5)$

Setzt man die Koordinaten von P und Q in die Gleichung der Funktion f ein, erhält man das folgende Gleichungssystem:

(I) $1,5 = b \cdot a^0$ $a^0 = 1$ $(a > 0)$
       $\underline{b = 1,5}$

(II) $4,5 = b \cdot a^3$ mit $b = 1,5$
       $4,5 = 1,5 \cdot a^3$ $|:1,5$
       $3 = a^3$ $|\sqrt[3]{}$
       $\underline{a \approx 1,442}$

Die Exponentialfunktion f hat die Gleichung:
$y = f(x) = 1,5 \cdot 1,442^x$

Gesucht ist die Gleichung einer weiteren Funktion, die durch diese beiden Punkte P und Q verläuft.

Am einfachsten wählt man eine lineare Funktion mit der Gleichung $y = mx + n$ und bildet damit das folgende Gleichungssystem:

(I) $1,5 = m \cdot 0 + n$
    $\underline{n = 1,5}$

(II) $4,5 = m \cdot 3 + n$ mit $n = 1,5$
    $4,5 = 3m + 1,5$
    $\underline{m = 1}$

Die Gleichung einer weiteren Funktion ist somit $\underline{\underline{y = x + 1,5}}$.

Besondere Leistungsfeststellung Thüringen 10. Klasse Mathematik 2010

Pflichtaufgabe

a) Von einem geraden vierseitigen Prisma (siehe Skizze) sind bekannt:

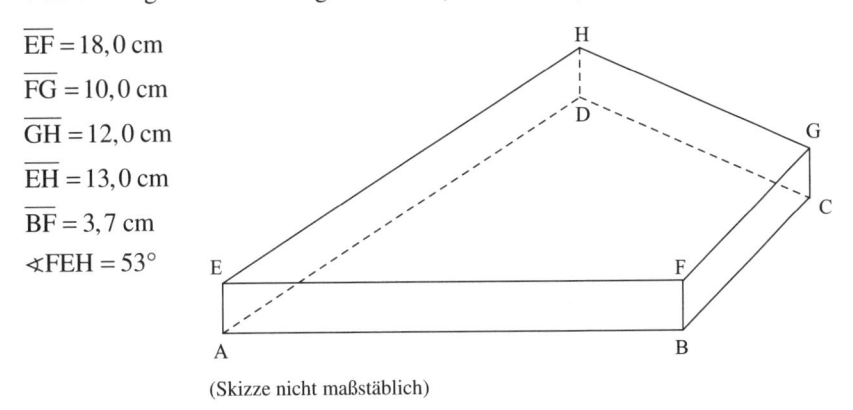

$\overline{EF} = 18,0$ cm
$\overline{FG} = 10,0$ cm
$\overline{GH} = 12,0$ cm
$\overline{EH} = 13,0$ cm
$\overline{BF} = 3,7$ cm
$\sphericalangle FEH = 53°$

(Skizze nicht maßstäblich)

Berechnen Sie die Größe der Mantelfläche!
Berechnen Sie die Längen der Flächendiagonale $\overline{HF}$ und der Raumdiagonale $\overline{DF}$! (6 BE)

b) Gegeben ist eine Funktion f durch die Gleichung
$y = f(x) = 2\sqrt{x-1}$ ($x \in \mathbb{R}$).
Zeichnen Sie den Graphen der Funktion f in ein geeignetes Koordinatensystem!
Geben Sie den maximalen Definitionsbereich der Funktion f an!
Ermitteln Sie eine Gleichung der zugehörigen Umkehrfunktion $\overline{f}$!
Geben Sie den Definitionsbereich der Umkehrfunktion $\overline{f}$ an! (5 BE)

c) Nach gemeinsamem Start kommen die vier 100-m-Läufer A, B, C und D zu unterschiedlichen Zeiten ins Ziel.
Wie viele Möglichkeiten gibt es für den Zieleinlauf?
Wie viele Möglichkeiten gibt es für den Zieleinlauf, wenn A als Letzter eintrifft?
Wie viele Möglichkeiten gibt es für den Zieleinlauf, wenn A besser platziert ist als B?

Mit einer Wahrscheinlichkeit von 60 % kommt A als Erster ins Ziel.
Wenn A nicht Erster wird, kommt B mit einer Wahrscheinlichkeit von
70 % als Erster ins Ziel. Mit welcher Wahrscheinlichkeit kommt weder
A noch B als Erster ins Ziel? (5 BE)

d) Befragt nach dem Anteil von Jungen und Mädchen in seiner Klasse sagt
Max:
„Die dreifache Jungenanzahl vermehrt um die doppelte Mädchenanzahl
ergibt 69. Die doppelte Jungenanzahl vermindert um die Mädchenanzahl
ergibt 11."
Wie viele Jungen und wie viele Mädchen sind in seiner Klasse? (4 BE)

Wahlaufgabe A1

In einer Stadt wird auf dem ebenen Marktplatz ein 18 m hoher Maibaum aufgestellt.
Es wird zur Vereinfachung angenommen, dass sich der Baum beim Aufrichten nicht
biegt. Das untere Ende wurde in eine drehbar gelagerte Hülse H geschoben.
Die Abbildung zeigt die Situation, in der sich der Punkt B in einer Höhe von 1,8 m
befindet.

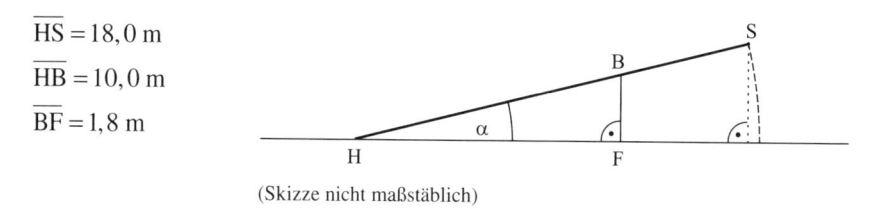

$\overline{HS} = 18,0$ m

$\overline{HB} = 10,0$ m

$\overline{BF} = 1,8$ m

(Skizze nicht maßstäblich)

a) Weisen Sie nach, dass der Neigungswinkel $\alpha \approx 10{,}4°$ beträgt! (2 BE)

b) Wie weit ist die Spitze S des Baumes vom Boden entfernt? (2 BE)

Von einer Seilwinde W wird ein 30 m langes Seil im Punkt B befestigt und
straff gespannt.

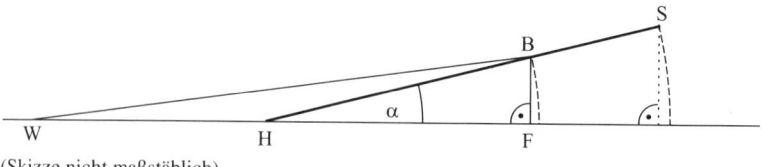

(Skizze nicht maßstäblich)

c) Berechnen Sie die Entfernung der Hülse H von der Winde W!
(Kontrollergebnis: $\overline{WH} \approx 20{,}1$ m) (3 BE)

d) Das Seil wird mithilfe der Winde 5 Meter eingezogen. Berechnen Sie die Größe des Winkels, unter dem der Maibaum nun gegenüber dem Erdboden geneigt ist! (3 BE)

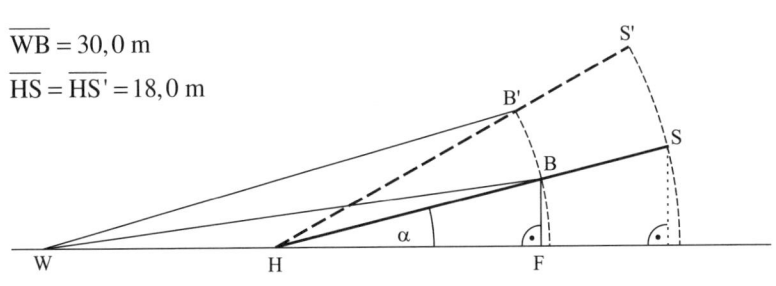

$\overline{WB} = 30,0$ m

$\overline{HS} = \overline{HS'} = 18,0$ m

(Skizze nicht maßstäblich)

e) Berechnen Sie die Länge des zurückgelegten Weges der Spitze S des Baumes vom Boden bis zum vollständigen Aufstellen! (2 BE)

f) Der Stamm des Maibaumes kann näherungsweise als Zylinder mit einem mittleren Durchmesser von 16 cm betrachtet werden.
Das Holz hat eine Dichte von $\rho = 0,7 \frac{g}{cm^3}$.
Berechnen Sie die Masse des Stamms in Kilogramm! (3 BE)

g) Als der Baum gepflanzt wurde, war er 20 cm groß. Sechzig Jahre später ist er 18 m hoch. Ein Schüler nimmt an, dass die Höhe des Baumes in jedem Jahr um den gleichen Prozentsatz zunahm.
Berechnen Sie unter dieser Annahme das jährliche Höhenwachstum in Prozent!
(Kontrollergebnis: p = 7,8 %)
Nach wie vielen Jahren hätte er nach dieser Annahme eine Höhe von 9 m erreicht?
Nehmen Sie Stellung zur Annahme dieses Schülers! (5 BE)

Wahlaufgabe A2

1. Gegeben sind die Funktionen f und g durch die Gleichungen
$y = f(x) = \sin x$ und $y = g(x) = -2 \sin x$ für $x \in \mathbb{R}$.

a) Beschreiben Sie, wie der Graph von g aus dem Graphen von f hervorgeht!

Zeichnen Sie die Graphen von f und g in ein und dasselbe Koordinatensystem im Intervall $0 \leq x \leq 3\pi$!
(Hinweis: 1 Längeneinheit entspricht 1 cm.)
Geben Sie den Wertebereich der Funktion g an! (4 BE)

b) Ermitteln Sie im Intervall $0 \leq x \leq 3\pi$ alle Werte von x, für die $g(x) = -\sqrt{3}$ gilt! (3 BE)

c) Durch die Punkte $P\left(\frac{\pi}{2}; g\left(\frac{\pi}{2}\right)\right)$ und $Q\left(\frac{3}{2}\pi; -1\right)$ verläuft eine lineare Funktion h.
Zeigen Sie rechnerisch, dass der Graph von h die Koordinatenachsen in den Punkten $R(2{,}5\pi; 0)$ und $S(0; -2{,}5)$ schneidet!
Berechnen Sie den Winkel zwischen dem Graphen von h und der x-Achse! (4 BE)

d) Der Graph von h und die Koordinatenachsen bilden ein Dreieck. Das Dreieck rotiert um die x-Achse.
Ermitteln Sie das Volumen des entstehenden Kreiskegels! (2 BE)

e) Es ist $f_t(x) = \sin x + t$ $(x \in \mathbb{R})$.
Beschreibe Sie den Einfluss von t auf den Verlauf des Graphen der Funktion!
Für welchen Wert von t haben die Graphen der Funktionen g und f_t im Intervall $0 \leq x \leq 3\pi$ genau einen gemeinsamen Punkt? (2 BE)

2. Zum einjährigen Bestehen eines Supermarktes erhält jeder Kunde an der Kasse ein Los.

a) Bei Ladenöffnung liegen 100 Lose im Körbchen. Darunter sind 40 Nieten und 60 Preise.
Mit welcher Wahrscheinlichkeit gehen die ersten drei Kunden leer aus?
Mit welcher Wahrscheinlichkeit erhält der 2. Kunde einen Preis? (3 BE)

b) Im Supermarkt werden Kugelschreiber verkauft, die mit einer Wahrscheinlichkeit von $p = 0{,}05$ defekt sind.
Ein Kunde kauft 3 Stück.
Mit welcher Wahrscheinlichkeit sind mindestens zwei davon in Ordnung? (2 BE)

Tipps und Hinweise zu den Lösungen

Pflichtaufgabe

a)

- Unterscheiden Sie zwischen Oberflächeninhalt und Mantelfläche eines Prismas.
- Die Mantelfläche ist der Flächeninhalt aller Seitenflächen, also der Oberflächeninhalt ohne die Flächeninhalte der Grundfläche und der kongruenten Deckfläche.
- Die Mantelfläche dieses Prismas besteht aus 4 Rechteckflächen der gleichen Breite.
- Zeichnen Sie in Ihre Skizze unbedingt die Flächendiagonale $\overline{HF}$ und die Raumdiagonale $\overline{DF}$ ein, um deren Lage zu erkennen. Deuten Sie diese Strecken als Seiten bekannter Dreiecke.

b)

- Beginnen Sie mit der Bestimmung des Definitionsbereiches der Funktion f.
- Beachten Sie, dass bei Wurzeln der Radikand (Term unter der Wurzel) nicht negativ werden darf.
- Für die Zeichnung des Graphen der Funktion ist eine Wertetabelle erforderlich. Die Schablone für den Graphen der Funktion x^2 kann im ursprünglichen Koordinatensystem nicht benutzt werden, da die Wurzelfunktion durch den Parameter 2 gestreckt wird.
- Eine Gleichung der Umkehrfunktion $\overline{f}$ erhält man, wenn man die Gleichung der Ausgangsfunktion f nach x umstellt und dann die Variablen x und y vertauscht.
- Der Definitionsbereich der Umkehrfunktion $\overline{f}$ entspricht dem Wertebereich der Funktion f. Dieser kann aus der grafischen Darstellung der Funktion f abgelesen werden.

c)

- Frischen Sie Ihre Kenntnisse über die Anordnung von k Elementen ohne Wiederholung auf.
- Notieren Sie jeweils die Anzahl der Möglichkeiten, dass Läufer A den ersten, zweiten oder dritten Platz belegt und Läufer B nach ihm ins Ziel kommt. Bilden Sie dann die Summe.
- Falls Ihnen das nicht gelingt, nutzen Sie ein Baumdiagramm und zählen Sie die entsprechenden Möglichkeiten.
- Rechnen Sie bei der letzten Teilaufgabe mit den Wahrscheinlichkeiten der Komplementärereignisse (Gegenereignisse).

d)

✏ Bilden Sie ein Gleichungssystem bestehend aus zwei Gleichungen und der jeweils unbekannten Anzahl der Jungen und Mädchen der Klasse.

✏ Wiederholen Sie Ihre Kenntnisse zu den Lösungsverfahren von Gleichungssystemen.

Wahlaufgabe A1

a) und b)

✏ Kennzeichnen Sie in der Skizze die vorhandenen rechtwinkligen Dreiecke und berechnen Sie den gesuchten Winkel bzw. die gesuchte Seite mit dem Sinus im rechtwinkligen Dreieck.

c)

✏ Betrachten Sie die Entfernung von H zu W als eine Seite im Dreieck WHB.

✏ Berechnen Sie die Innenwinkel im Dreieck WHB und nutzen Sie den Sinussatz, um die Seite $\overline{WH}$ zu berechnen.

✏ Ein Innenwinkel liegt im rechtwinkligen Dreieck WFB, ein anderer ist Nebenwinkel von α.

d)

✏ Fertigen Sie unbedingt eine Skizze an und tragen Sie den gesuchten Winkel α' ein.

✏ Der gesuchte Winkel α' ist Nebenwinkel des Winkels $\beta' = \sphericalangle B'HW$.

✏ Berechnen Sie den Winkel β' mit dem Kosinussatz im Dreieck WHB'.

e)

✏ Bedenken Sie, dass sich die Spitze S des Maibaumes auf einer Kreisbahn mit dem Mittelpunkt H bewegt.

✏ Bis zum Senkrechtstehen wird ein Viertel des Kreisumfanges zurückgelegt.

f)

✏ Stellen Sie die Formel zur Berechnung der Dichte eines Stoffes nach der Masse m um.

✏ Berechnen Sie das Volumen des Stamms mit der Formel zur Berechnung des Volumens eines Zylinders. Beachten Sie unbedingt die Umrechnung der Einheiten.

g)

✏ Bei diesem Wachstum liegt ein exponentielles Wachstum vor.

✏ Stellen Sie die Wachstumsgleichung auf und stellen Sie diese nach p um.

- Setzen Sie nun die gegebenen Werte erneut in die Wachstumsgleichung ein und lösen Sie die erhaltene Exponentialgleichung. Wenden Sie dabei die Logarithmengesetze an.
- Denken Sie daran, dass beim exponentiellen Wachstum eine rasche Zunahme der Funktionswerte erfolgt.
- Vergleichen Sie diese Zunahme mit dem Höhenwachstum von Bäumen nach etwa 50 Jahren.

Wahlaufgabe A2

1 a)
- Wiederholen Sie Ihre Kenntnisse über die Eigenschaften der Sinusfunktion und den Einfluss des Parameters a auf den Graphen der Funktion $y = a \cdot \sin x$.
- Benutzen Sie für die grafische Darstellung eine Kurvenschablone. Fertigen Sie gegebenenfalls eine Wertetabelle an und benutzen Sie Ihre Kenntnisse über den Parameter a.

1 b)
- Lösen Sie die entsprechende Gleichung und beachten Sie die Periodizität der Sinusfunktion.

1 c)
- Verschaffen Sie sich einen Überblick über die Ihnen bekannten Möglichkeiten, aus der Angabe der Koordinaten von zwei verschiedenen Punkten die Funktionsgleichung der zugehörigen linearen Funktion zu bestimmen.
- Bestätigen Sie durch Einsetzen die Richtigkeit der vorgegebenen Koordinaten. Da es sich um Punkte eines Graphen einer linearen Funktion handelt, kann es zu einem x nur genau ein y geben.
- Fertigen Sie zur Berechnung des Winkels eine Skizze an und erkennen Sie das rechtwinklige Dreieck, welches der Graph der linearen Funktion mit den Koordinatenachsen einschließt.

1 d)
- Nutzen Sie nun die Skizze aus Teilaufgabe 1 c, um die entsprechenden Größen des Kreiskegels zu erkennen, und berechnen Sie dessen Volumen. Beachten Sie, dass es keine negativen Abmessungen dieses Körpers gibt.

1 e)
- Wiederholen Sie Ihre Kenntnisse über die Eigenschaften der Sinusfunktion und den Einfluss des Parameters t auf den Graphen der Funktion $y = \sin x + t$.

🖉 Betrachten Sie Ihre grafische Darstellung aus Teilaufgabe 1 a und verschieben Sie gedanklich den Graphen der Funktion f, sodass Sie nur einen gemeinsamen Punkt mit dem Graphen von g erhalten.

2 a)

🖉 Beschreiben Sie den Losvorgang durch einen Ziehungsvorgang ohne Zurücklegen.

🖉 Beachten Sie, dass bei jeder Entnahme eines Loses sich die Anzahl der Nieten oder der Preise und die Gesamtanzahl der Lose ändern.

🖉 Berücksichtigen Sie: Wenn der 2. Kunde einen Preis erhält, dann hat auch der erste Kunde ein Los gezogen.

2 b)

🖉 Entscheiden Sie, mit welcher Wahrscheinlichkeit p ein Kugelschreiber nicht defekt ist. Wählen Sie für „nicht defekt" die Bezeichnung $\bar{d}$.

🖉 Beachten Sie die Bedeutung von „mindestens zwei sind in Ordnung".

Lösungen

Pflichtaufgabe

a) Gegeben: gerades vierseitiges Prisma
$\overline{EF} = 18,0$ cm
$\overline{FG} = 10,0$ cm
$\overline{GH} = 12,0$ cm
$\overline{EH} = 13,0$ cm
$\overline{BF} = 3,7$ cm
$\sphericalangle FEH = 53° = \alpha$

Gesucht: Flächeninhalt der Mantelfläche
Längen der Flächendiagonale $\overline{HF}$ und der Raumdiagonale $\overline{DF}$

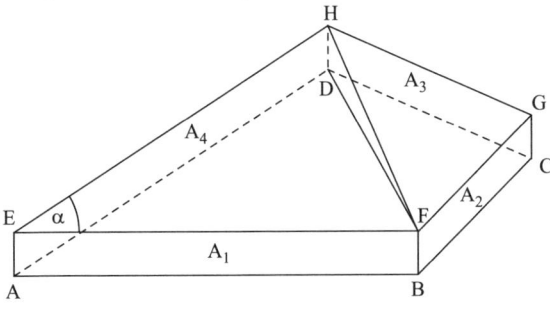

Skizze:

(Skizze nicht maßstäblich)

Der Flächeninhalt der Mantelfläche A_M besteht aus den Flächeninhalten der vier Rechtecke ABFE, BCGF, CDHG und DAEH. Diese Rechtecke haben die gleiche Breite $\overline{BF} = 3,7$ cm, die Längen sind alle gegeben.

$A_M = A_1 + A_2 + A_3 + A_4$
$A_M = \overline{EF} \cdot \overline{BF} + \overline{FG} \cdot \overline{BF} + \overline{GH} \cdot \overline{BF} + \overline{EH} \cdot \overline{BF}$
$A_M = 18,0$ cm $\cdot 3,7$ cm $+ 10,0$ cm $\cdot 3,7$ cm $+ 12,0$ cm $\cdot 3,7$ cm $+ 13,0$ cm $\cdot 3,7$ cm
$A_M = (18,0$ cm $+ 10,0$ cm $+ 12,0$ cm $+ 13,0$ cm$) \cdot 3,7$ cm
$A_M = 53,0$ cm $\cdot 3,7$ cm
$\underline{\underline{A_M = 196,1 \text{ cm}^2}}$

Die Größe der Mantelfläche beträgt 196,1 cm².

Die Länge der Flächendiagonale $\overline{HF}$ berechnet man mit dem Kosinussatz im Dreieck EFH.

$$\overline{HF}^2 = \overline{EH}^2 + \overline{EF}^2 - 2\cdot\overline{EH}\cdot\overline{EF}\cdot\cos\sphericalangle FEH$$
$$\overline{HF}^2 = (13{,}0\text{ cm})^2 + (18{,}0\text{ cm})^2 - 2\cdot 13{,}0\text{ cm}\cdot 18{,}0\text{ cm}\cdot\cos 53°$$
$$\underline{\underline{\overline{HF} \approx 14{,}5\text{ cm}}}$$

Die Flächendiagonale ist 14,5 cm lang.

Die Raumdiagonale $\overline{DF}$ entspricht der Hypotenuse im rechtwinkligen Dreieck DFH, wobei der rechte Winkel von der Flächendiagonalen $\overline{HF}$ und der Höhe des Prismas $\overline{DH} = \overline{BF}$ eingeschlossen wird.

Nach dem Satz des Pythagoras gilt:
$$\overline{DF}^2 = \overline{HF}^2 + \overline{DH}^2, \quad \overline{DH} = \overline{BF}$$
$$\overline{DF}^2 = (14{,}5\text{ cm})^2 + (3{,}7\text{ cm})^2$$
$$\underline{\underline{\overline{DF} \approx 15{,}0\text{ cm}}}$$

Die Raumdiagonale $\overline{DF}$ hat eine Länge von 15,0 cm.

b) Gegeben: $y = f(x) = 2\sqrt{x-1}; \; x \in \mathbb{R}$

Vor dem Anfertigen einer Wertetabelle zum Zeichnen des Graphen der Funktion f bestimmt man deren Definitionsbereich. Hier muss gelten:

$x - 1 \geq 0$, da der Radikand (Term unter der Wurzel) nicht negativ werden darf.

$x - 1 \geq 0 \quad |+1$

$\underline{x \geq 1}$

Definitionsbereich $DB = \{x: x \geq 1; \; x \in \mathbb{R}\}$

Wertetabelle:

x	1	2	3	4	5	10
$f(x) = 2\sqrt{x-1}$	0	2	2,8	3,5	4	6

Grafische Darstellung:

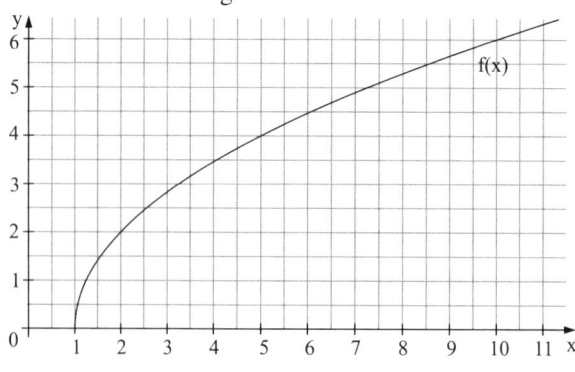

Gleichung der Umkehrfunktion $\overline{f}$:

$f(x)$: $y = 2\sqrt{x-1}$ $|:2$

$\frac{1}{2}y = \sqrt{x-1}$ $|()^2$

$\frac{1}{4}y^2 = x-1$ $|+1$

$x = \frac{1}{4}y^2 + 1$ | Vertauschen der Variablen

$\underline{\underline{y = \frac{1}{4}x^2 + 1 = \overline{f}(x)}}$

Der Definitionsbereich der Umkehrfunktion $\overline{f}$ entspricht dem Wertebereich der Funktion f.

$DB_{\overline{f}} = \{x: x \geq 0;\ x \in \mathbb{R}\}$

Hierbei muss man beachten, dass der Definitionsbereich von $\overline{f}$ nicht mit dem Definitionsbereich der Funktion $y = \frac{1}{4}x^2 + 1$ übereinstimmt. Denn diese quadratische Funktion ist in ihrem gesamten Definitionsbereich $x \in \mathbb{R}$ nicht eineindeutig bzw. streng monoton (steigend o. fallend) und somit nicht umkehrbar. Diese quadratische Funktion besitzt nur für $x \geq 0$ die Umkehrfunktion $\overline{f}(x) = 2\sqrt{x-1}$.

c) Für den Zieleinlauf der vier Läufer gibt es $4! = 4 \cdot 3 \cdot 2 \cdot 1 = \underline{\underline{24}}$ Möglichkeiten. Falls Läufer A als Letzter eintrifft, gibt es nur noch $3! = 3 \cdot \overline{\overline{2}} \cdot 1 = \underline{6}$ Möglichkeiten für den Zieleinlauf.

Um die Anzahl der Möglichkeiten zu ermitteln, dass beim Zieleinlauf Läufer A besser platziert ist als Läufer B, können die folgenden Überlegungen helfen.

1. A wird Erster, dann gibt es $3! = \underline{6}$ Möglichkeiten für den weiteren Zieleinlauf, und Läufer B kommt immer nach Läufer A ins Ziel.

2. A wird Zweiter und B darf nicht Erster werden. Somit muss Läufer C oder D gewinnen und für die Plätze drei und vier gibt es je 2 Möglichkeiten, also in diesem Fall insgesamt $\underline{4}$ weitere Möglichkeiten.

3. A wird Dritter und B muss Vierter werden. Hier gibt es $\underline{2}$ Möglichkeiten, da C und D für den ersten oder zweiten Platz infrage kommen.

Somit gibt es insgesamt $\underline{\underline{12}}$ Möglichkeiten, dass beim Zieleinlauf A besser platziert ist als B.

Anmerkung: Selbstverständlich kann man auch mittels Baumdiagramm die entsprechenden Zieleinläufe abzählen.

Läufer A gewinnt mit einer Wahrscheinlichkeit von P(A)=0,60 und gewinnt mit P($\overline{A}$) = 0,40 **nicht**.

Falls Läufer A nicht als Erster ins Ziel kommt, gewinnt Läufer B mit einer Wahrscheinlichkeit von P(B)=0,70 und gewinnt mit P($\overline{B}$) = 0,30 **nicht**.

Dies lässt sich durch nebenstehendes Baumdiagramm darstellen.

Mithilfe der Pfadregel erhält man nun die gesuchte Wahrscheinlichkeit, dass weder A noch B gewinnt:

P($\overline{A} \cap \overline{B}$) = 0,40 · 0,30
     = 0,12

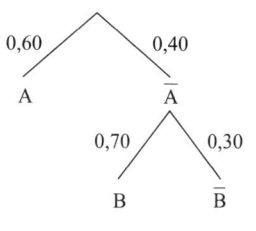

d) Die Aussagen von Max zum Anteil der Jungen j und der Mädchen m können durch folgendes Gleichungssystem beschrieben werden.
   (I)   3j + 2m = 69
   (II) 2j − m = 11

Für die Lösung dieses Gleichungssystems gibt es verschiedene Verfahren. Geeignet ist das Additionsverfahren, welches hier benutzt wird.

Man multipliziert Gleichung (II) mit dem Faktor 2 und erhält:
(I)   3j + 2m = 69
(II') 4j − 2m = 22   (I) + (II') liefert
       7j   = 91 |:7
        j   = 13

Nach Einsetzen von j = 13 in Gleichung (II) steht:
(II) 2·13 − m = 11 |+m −11
           m = 15

In der Klasse sind 13 Jungen und 15 Mädchen.

Diese Lösung erhält man auch mit dem Einsetzungsverfahren, wenn man Gleichung (II) nach m umstellt und in Gleichung (I) einsetzt.

(II)   2j − m = 11 |+m −11
         m = 2j − 11
in (I) 3j + 2(2j − 11) = 69
       3j + 4j − 22 = 69 |+22
              7j = 91
               j = 13   und analog
               m = 15

Wahlaufgabe A1

Das Aufstellen des Maibaums lässt sich durch folgende Skizze darstellen:

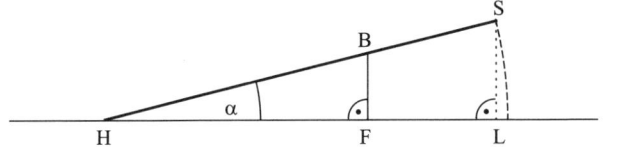

(Skizze nicht maßstäblich)

Gegeben: $\overline{HS} = 18,0$ m
$\overline{HB} = 10,0$ m
$\overline{BF} = 1,8$ m

a) Für die Berechnung des Neigungswinkels α nutzt man die Winkelbeziehungen im rechtwinkligen Dreieck HFB.

$$\sin \alpha = \frac{\overline{BF}}{\overline{HB}}$$

$$\sin \alpha = \frac{1,8 \text{ m}}{10,0 \text{ m}}$$

$$\alpha \approx 10,4°$$

Damit ist die Größe des Neigungswinkels α nachgewiesen.

b) Die Entfernung der Spitze S des Baumes vom Boden berechnet man mit den Winkelbeziehungen im rechtwinkligen Dreieck HLS.

$$\sin \alpha = \frac{\overline{SL}}{\overline{HS}}$$

$$\overline{SL} = \overline{HS} \cdot \sin \alpha$$

$$\overline{SL} = 18,0 \text{ m} \cdot \sin 10,4°$$

$$\overline{SL} \approx 3,2 \text{ m}$$

Die Spitze des Baumes ist etwa 3,2 m vom Boden entfernt.

c) Nun wird ein 30 m langes Seil am Baum im Punkt B befestigt und durch eine Seilwinde W straff gespannt.

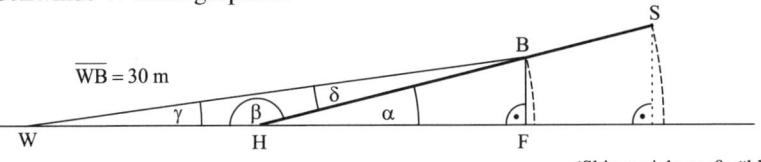

$\overline{WB} = 30$ m

(Skizze nicht maßstäblich)

2010-13

Die gesuchte Streckenlänge $\overline{WH}$ liegt im Dreieck WHB. Für ihre Berechnung nutzt man den Sinussatz und benötigt noch die Größen der Winkel $\sphericalangle WBH = \delta$ und $\sphericalangle BHW = \beta$.

Somit gilt:
$$\frac{\overline{WH}}{\sin \delta} = \frac{\overline{WB}}{\sin \beta}$$

$$\overline{WH} = \frac{\overline{WB} \cdot \sin \delta}{\sin \beta}$$

Berechnung der fehlenden Winkel:
1. $\alpha + \beta = 180°$ mit $\alpha \approx 10,4°$
   $\beta \approx 169,6°$

2. $\sin \gamma = \frac{\overline{BF}}{\overline{WB}}$

   $\sin \gamma = \frac{1,8 \text{ m}}{30 \text{ m}}$

   $\gamma \approx 3,44°$

3. $\beta + \gamma + \delta = 180°$
   $\delta \approx 6,96°$

Setzt man nun die berechneten Winkelgrößen ein, erhält man:
$$\overline{WH} = \frac{30 \text{ m} \cdot \sin 6,96°}{\sin 169,6°}$$

$\overline{WH} \approx 20,1 \text{ m}$

Die berechnete Länge stimmt mit dem Kontrollergebnis überein.

d) Nun wird das Seil mittels der Winde um 5 m eingezogen.

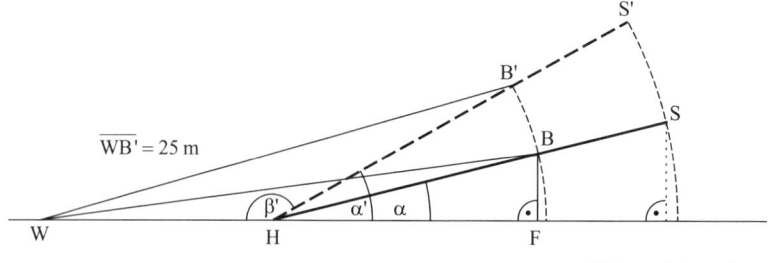

$\overline{WB'} = 25$ m

(Skizze nicht maßstäblich)

Gesucht ist jetzt der neue Neigungswinkel $\sphericalangle FHB' = \alpha'$.

Der Winkel α' ist der Nebenwinkel von β', es genügt also, den Winkel β' zu berechnen.

Den Winkel β' berechnet man mit dem Kosinussatz im Dreieck WHB'.

$$\overline{WB'}^2 = \overline{WH}^2 + \overline{HB'}^2 - 2 \cdot \overline{WH} \cdot \overline{HB'} \cdot \cos\beta' \quad | +2 \cdot \overline{WH} \cdot \overline{HB'} \cdot \cos\beta'$$

$$\overline{WB'}^2 + 2 \cdot \overline{WH} \cdot \overline{HB'} \cdot \cos\beta' = \overline{WH}^2 + \overline{HB'}^2 \quad | -\overline{WB'}^2$$

$$2 \cdot \overline{WH} \cdot \overline{HB'} \cdot \cos\beta' = \overline{WH}^2 + \overline{HB'}^2 - \overline{WB'}^2 \quad |:(2 \cdot \overline{WH} \cdot \overline{HB'})$$

$$\cos\beta' = \frac{\overline{WH}^2 + \overline{HB'}^2 - \overline{WB'}^2}{2 \cdot \overline{WH} \cdot \overline{HB'}} \quad \text{es gilt: } \overline{HB'} = \overline{HB}$$

$$\cos\beta' = \frac{(20,1 \text{ m})^2 + (10,0 \text{ m})^2 - (25 \text{ m})^2}{2 \cdot 20,1 \text{ m} \cdot 10,0 \text{ m}}$$

$$\underline{\underline{\beta' \approx 107,5°}}$$

Damit gilt für den Winkel α':
$\alpha' = 180° - \beta'$
$\alpha' = 180° - 107,5°$
$\underline{\underline{\alpha' \approx 72,5°}}$

Der Maibaum ist jetzt um 72,5° gegenüber dem Erdboden geneigt.

e) Nach dem Aufstellen des Maibaumes steht dieser senkrecht auf dem Erdboden. Die Spitze des Maibaumes legt den Weg des Kreisbogens b eines Viertelkreises mit dem Radius $\overline{HS} = 18,0$ m zurück.

$$b = \frac{1}{4}u \quad\quad u = 2\pi r$$

$$b = \frac{1}{2}\pi r$$

$$b = \frac{1}{2}\pi \cdot 18,0 \text{ m}$$

$$b = 9\pi \text{ m} \approx \underline{\underline{28,3 \text{ m}}}$$

Die Spitze legt einen Weg von 28,3 m zurück.

f) Für die Dichte eines Stoffes gilt:

$$\rho = \frac{m}{V}$$

Da die Dichte von Holz gegeben ist, benötigt man das Volumen des Baumes, um mittels umgestellter Formel $m = \rho \cdot V$ die Masse berechnen zu können.

$V = \pi r^2 \cdot h$ $\qquad$ mit $r = \dfrac{1}{2}d = 8\text{ cm} = 0,08\text{ m}, \quad h = \overline{HS} = 18\text{ m}$
$V = \pi \cdot (0,08\text{ m})^2 \cdot 18\text{ m}$
$V \approx \underline{0,362\text{ m}^3} \approx \underline{362\,000\text{ cm}^3}$

$m = 0,7\,\dfrac{g}{cm^3} \cdot 362\,000\text{ cm}^3$
$\underline{\underline{m}} = 253\,400\text{ g} \approx \underline{\underline{250\text{ kg}}}$

Die Masse des Stamms beträgt etwa 250 kg.

g) Bei diesem Höhenwachstum geht man davon aus, dass ein exponentielles Wachstum vorliegt.

$H_n = H_0 \cdot \left(1 + \dfrac{p}{100}\right)^n$ $\qquad$ H_n .... Höhe nach n Jahren
$\qquad\qquad\qquad\qquad\qquad\quad$ H_0 .... Anfangshöhe
$\qquad\qquad\qquad\qquad\qquad\quad$ p .... prozentuales Wachstum pro Jahr
$\qquad\qquad\qquad\qquad\qquad\quad$ n .... Anzahl der Jahre

Nach Einsetzen der Werte und Umstellen nach p erhält man:

$18\text{ m} = 0,20\text{ m} \cdot \left(1 + \dfrac{p}{100}\right)^{60}$ $\qquad | : 0,20\text{ m}$

$90 = \left(1 + \dfrac{p}{100}\right)^{60}$ $\qquad\qquad\qquad | \,(\ )^{\frac{1}{60}}$

$1,078 \approx 1 + \dfrac{p}{100}$ $\qquad\qquad\qquad\; | -1$

$0,078 \approx \dfrac{p}{100}$ $\qquad\qquad\qquad\quad\; | \cdot 100$

$\underline{\underline{p \approx 7,8}}$

Das jährliche Höhenwachstum beträgt damit 7,8 %, was mit dem Kontrollergebnis übereinstimmt.

Zur Berechnung der Anzahl der Jahre löst man folgende Gleichung:

$9\text{ m} = 0,20\text{ m} \cdot \left(1 + \dfrac{7,8}{100}\right)^n$ $\qquad | : 0,20\text{ m}$

$45 = 1,078^n$ $\qquad\qquad\qquad\qquad | \lg$

$\lg 45 = \lg 1,078^n$ $\qquad\qquad\qquad | \text{Anwendung Logarithmengesetze}$

$\lg 45 = n \cdot \lg 1,078$ $\qquad\qquad\; | : \lg 1,078$

$n = \dfrac{\lg 45}{\lg 1,078}$

$\underline{\underline{n \approx 51}}$

Nach dieser Annahme des Schülers hätte der Baum nach 51 Jahren eine Höhe von 9 m erreicht.
Dieses Wachstumsmodell scheint nicht realistisch zu sein. Erfahrungsgemäß wachsen Bäume nur in den ersten Jahren sehr schnell und haben nach gewisser Zeit eine bestimmte Höhe erreicht. So ist nicht anzunehmen, dass dieser Baum nach 51 Jahren 9 m hoch ist und nach weiteren 9 Jahren seine Höhe verdoppelt. Es ist eher davon auszugehen, dass er bereits viel früher eine Höhe von über 9 m erreicht hat und in den folgenden Jahren nur noch wenig an Höhe zulegt.

Wahlaufgabe A2

1. Gegeben: $y = f(x) = \sin x$ und
   $y = g(x) = -2\sin x;\ x \in \mathbb{R}$

   a) Der Graph der Funktion g geht aus dem Graphen der Funktion durch Streckung um den Faktor 2 in Richtung der y-Achse mit anschließender Spiegelung an der x-Achse hervor.
   Die grafische Darstellung der Funktion f kann mittels Kurvenschablone erfolgen. Die Darstellung der Funktion g gelingt mit dem beschriebenen Vorgehen (Streckung und anschließende Spiegelung).
   Hilfe bietet eine Wertetabelle:

x	0	$\frac{\pi}{6}$	$\frac{\pi}{2}$	π	$\frac{3\pi}{2}$	2π	$\frac{5\pi}{2}$	3π
$y = f(x) = \sin x$	0	$\frac{1}{2}$	1	0	–1	0	1	0
$y = g(x) = -2\sin x$	0	–1	–2	0	2	0	–2	0

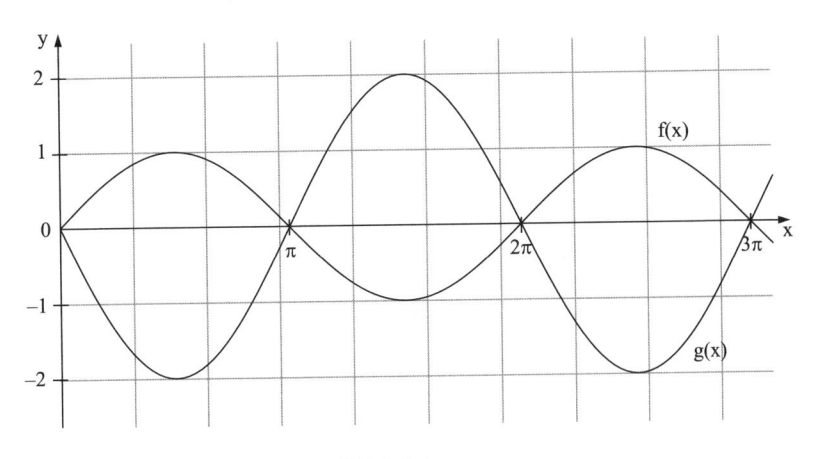

Wertebereich der Funktion g:
WB = {y: –2 ≤ y ≤ 2; y ∈ ℝ}

b) $g(x) = -\sqrt{3}$
$-2\sin x = -\sqrt{3} \quad |:(-2)$
$\sin x = \frac{1}{2}\sqrt{3}$

Diese Gleichung hat im Intervall $0 \leq x \leq 3\pi$ die folgenden Lösungen:

$x_1 = \frac{\pi}{3}; \quad x_2 = \frac{2\pi}{3}; \quad x_3 = \frac{7\pi}{3}; \quad x_4 = \frac{8\pi}{3}$

c) Gegeben: $P\left(\frac{\pi}{2}; g\left(\frac{\pi}{2}\right)\right)$ bzw. $P\left(\frac{\pi}{2}; -2\right)$
$Q\left(\frac{3}{2}\pi; -1\right)$

Gesucht ist die Gleichung einer linearen Funktion $y = h(x) = mx + n$ durch die Punkte P und Q.

Möglichkeit 1:

Man berechnet als Erstes den Anstieg m:

$m = \frac{\Delta y}{\Delta x} = \frac{y_2 - y_1}{x_2 - x_1}$

$m = \frac{-1 - (-2)}{\frac{3}{2}\pi - \frac{\pi}{2}}$

$m = \frac{1}{\pi}$

Nun setzt man m und die Koordinaten von P (oder Q) in die Gleichung $y = mx + n$ ein und berechnet n.

$y = mx + n$

$-2 = \frac{1}{\pi} \cdot \frac{\pi}{2} + n$

$-2 = \frac{1}{2} + n \quad \left| -\frac{1}{2} \right.$

$n = -\frac{5}{2} = -2{,}5$

Ergebnis: $y = h(x) = \frac{1}{\pi} \cdot x - 2{,}5$

Möglichkeit 2:
Man setzt die Koordinaten von P und Q in die Funktionsgleichung $y = mx + n$ ein und löst das so entstandene Gleichungssystem mittels Additionsverfahren.

(I) $\quad -2 = m \cdot \dfrac{\pi}{2} + n$

(II) $\quad -1 = m \cdot \dfrac{3}{2}\pi + n$

(II) − (I) $\quad 1 = \pi \cdot m \qquad |:\pi$

$\quad \underline{m = \dfrac{1}{\pi}}$

Nach Einsetzen von m in (I) oder (II) erhält man $n = -2{,}5$.

Bestätigung der Achsenschnittpunkte R und S:

Punkt R: $y = h(2{,}5\pi) = \dfrac{1}{\pi} \cdot 2{,}5\pi - 2{,}5 = 0 \qquad$ richtig

Punkt S: $y = h(0) = \dfrac{1}{\pi} \cdot 0 - 2{,}5 = -2{,}5 \qquad$ richtig

Der Graph der linearen Funktion h und die Koordinatenachsen schließen ein rechtwinkliges Dreieck ein (siehe Skizze).

Es gilt:

$\tan \alpha = \dfrac{\overline{OS}}{\overline{OR}}$

$\tan \alpha = \dfrac{2{,}5}{2{,}5 \cdot \pi}$

$\underline{\underline{\alpha \approx 17{,}7°}}$

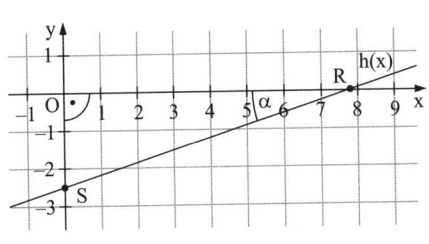

d) Bei der Rotation des rechtwinkligen Dreiecks SRO um die x-Achse entsteht ein Kreiskegel.

$V = \dfrac{1}{3}\pi r^2 \cdot h$

$V = \dfrac{1}{3}\pi (2{,}5 \text{ cm})^2 \cdot 2{,}5\pi \text{ cm}$

$\underline{\underline{V \approx 51{,}4 \text{ cm}^3}}$

In der Skizze erkennt man:

$r = \overline{OS} = 2{,}5 \text{ cm}$

$h = \overline{OR} = 2{,}5\pi \text{ cm}$

e) $f_t(x) = \sin x + t;\ x \in \mathbb{R}$

Der Parameter t verschiebt den Graphen der Funktion $y = \sin x$ um t Einheiten entlang der y-Achse.

Die beiden Graphen der Funktionen $g(x) = -2\sin x$ und $f_t(x) = \sin x + t$ haben nur dann genau einen Punkt gemeinsam, wenn der tiefste Punkt des Graphen von f auf den höchsten Punkt des Graphen von g trifft.

Der größte Funktionswert von g ist $y = 2$ an der Stelle $x = \frac{3}{2}\pi$. An genau dieser Stelle hat die Sinusfunktion $y = \sin x$ ihren kleinsten Funktionswert $y = -1$. Es muss damit eine Verschiebung um 3 Einheiten nach oben stattfinden, was durch $\underline{\underline{t = 3}}$ erfüllt wird.

Eine Skizze verdeutlicht diesen Sachverhalt:

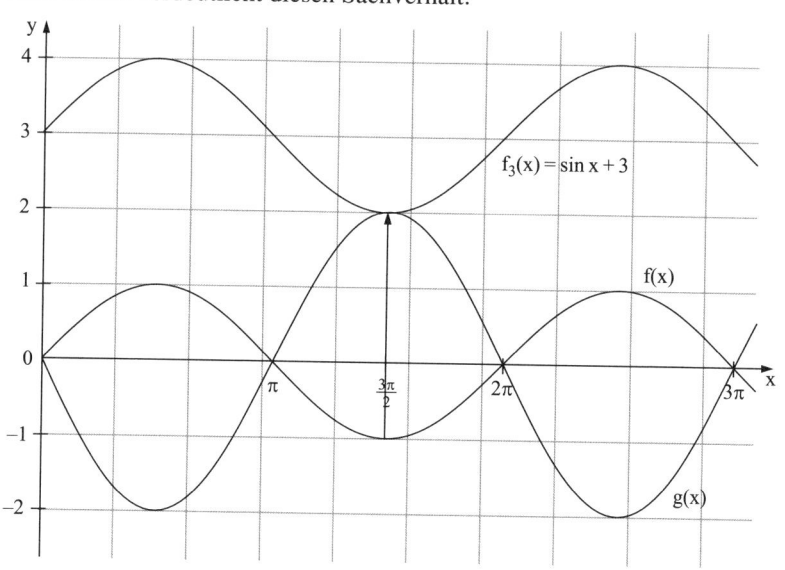

2. a) Das Ziehen der Lose lässt sich durch einen Ziehungsvorgang ohne Zurücklegen beschreiben.

Das Ereignis, dass die drei ersten Kunden leer ausgehen, wird durch das Ziehen von Nieten beschrieben. Unter den 100 Losen gibt es am Anfang 40 Nieten.

P(die ersten drei Kunden gehen leer aus)
= P(N N N)

$$= \underbrace{\frac{40}{100}}_{\substack{\text{40 Nieten bei}\\\text{100 Losen}}} \cdot \underbrace{\frac{39}{99}}_{\substack{\text{nur noch 39 Nieten}\\\text{bei noch 99 Losen}}} \cdot \underbrace{\frac{38}{98}}_{\substack{\text{nur noch 38 Nieten}\\\text{bei noch 98 Losen}}}$$

$$= \frac{494}{8\,085} \approx \underline{\underline{0,061}}$$

Das Ereignis, dass der zweite Kunde einen Preis erhält, macht keine Aussagen zum ersten Kunden.

Damit ist:
P(der 2. Kunde erhält einen Preis)
= P(P P; N P)

$$= \underbrace{\frac{60}{100}}_{\substack{\text{60 Preise bei}\\\text{100 Losen}}} \cdot \underbrace{\frac{59}{99}}_{\substack{\text{nur noch 59 Preise}\\\text{bei noch 99 Losen}}} + \underbrace{\frac{40}{100}}_{\substack{\text{40 Nieten bei}\\\text{100 Losen}}} \cdot \underbrace{\frac{60}{99}}_{\substack{\text{60 Preise bei noch}\\\text{99 Losen}}}$$

$$= \frac{3}{5} = \underline{\underline{0,6}}$$

b) Die Wahrscheinlichkeit, dass ein Kugelschreiber defekt ist, beträgt P(d) = 0,05. Dementsprechend ist die Wahrscheinlichkeit, dass ein Kugelschreiber in Ordnung ist, P($\overline{d}$) = 0,95.

Die Wahrscheinlichkeit, dass beim Kauf von drei Kugelschreibern mindestens zwei in Ordnung sind, wird nun folgendermaßen berechnet.

P(mindestens zwei sind in Ordnung)
= P(alle drei sind in Ordnung oder genau zwei sind in Ordnung)
= P($\overline{d}\,\overline{d}\,\overline{d}$; d $\overline{d}\,\overline{d}$; $\overline{d}$ d $\overline{d}$; $\overline{d}\,\overline{d}$ d)
= P($\overline{d}\,\overline{d}\,\overline{d}$) + P(d $\overline{d}\,\overline{d}$; $\overline{d}$ d $\overline{d}$; $\overline{d}\,\overline{d}$ d)

    0,95·0,95·0,95   3-mal 0,05·0,95·0,95

$= (0,95)^3 + 3 \cdot 0,05 \cdot (0,95)^2$
$\approx \underline{\underline{0,993}}$

Besondere Leistungsfeststellung Thüringen 10. Klasse Mathematik 2011

Pflichtaufgabe

Die Skizze zeigt einen Ausschnitt aus dem Lageplan eines Stadtparks. Im Stadtpark befinden sich ein Aussichtsturm (A), ein Planetarium (P), eine Sportanlage (S) und ein Restaurant (R).

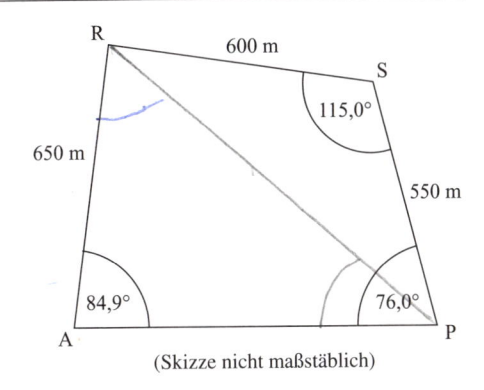

(Skizze nicht maßstäblich)

a) Durch den Stadtpark führt ein geradliniger Weg vom Planetarium zum Restaurant.
   Berechnen Sie die Länge dieses Weges.
   Ermitteln Sie die Größe der Fläche APSR.
   Geben Sie das Ergebnis in Hektar an. (8 BE)

b) Die Stadtverwaltung lässt zylinderförmige Müllbehälter (ohne Deckel) mit je 24 Liter Fassungsvermögen anbringen. Radius und Höhe des Müllbehälters verhalten sich wie 1 : 3.
   Ein solcher Behälter wird aus einem rechteckigen Stück Stahlblech mit der Länge 115 cm und der Breite 45 cm hergestellt.
   Berechnen Sie, wie viel Prozent Abfall bei der Herstellung entstehen.
   (Kontrollergebnis: Höhe h ≈ 41 cm) (6 BE)

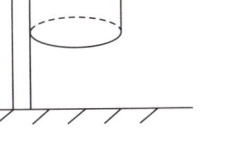

c) Im Jahr 2008 kostete die Pflege des Parks 80 000 €.
   Mit welchen Kosten muss die Stadt im Jahr 2012 rechnen, wenn diese im vorliegenden Zeitraum pro Jahr um 3,4 % steigen? (2 BE)

d) In der Sportanlage des Parks nutzt Peter den Basketballkorb für sein Training. Erfahrungsgemäß trifft Peter bei jedem Wurf mit einer Wahrscheinlichkeit von 0,8.
Eine Trainingsserie besteht aus 10 Würfen.
Berechnen Sie die Wahrscheinlichkeiten für folgende Ereignisse:
A: = „Peter trifft bei einer Trainingsserie genau 10-mal."
B: = „Der dritte Wurf ist sein erster Treffer."

Peters Ziel ist es, bei 10 Würfen mit einer Wahrscheinlichkeit von 0,3 genau 10-mal zu treffen. Bestimmen Sie die dafür notwendige Trefferwahrscheinlichkeit pro Wurf. (4 BE)

Wahlaufgabe 1

1. Gegeben ist die Funktion f durch $y = f(x) = \frac{1}{x} + 2$.

   a) Skizzieren Sie den Graphen dieser Funktion in ein Koordinatensystem mindestens im Intervall $-5 \leq x \leq 5$.
   Geben Sie den Definitionsbereich, den Wertebereich und das Monotonieverhalten der Funktion f an. (4 BE)

   b) Überprüfen Sie, ob der Punkt $P\left(-\frac{1}{50}; -52\right)$ zum Graphen der Funktion f gehört. (1 BE)

   c) Gegeben ist die Funktion g durch $y = g(x) = \frac{1}{2}x + \frac{3}{2}$ ($x \in \mathbb{R}$).
   Berechnen Sie die Schnittpunkte des Graphen der Funktion f mit dem Graphen der Funktion g. (3 BE)

2. Gegeben ist das lineare Gleichungssystem durch die Gleichungen
   (I) $4x + 3y = 6$
   (II) $y = 2x - 8$ ($x, y \in \mathbb{R}$)

   a) Lösen Sie das Gleichungssystem rechnerisch und grafisch. (4 BE)

   b) Die beiden Graphen (aus Teilaufgabe a) und die y-Achse begrenzen ein Dreieck vollständig.
   Berechnen Sie den Flächeninhalt, den Umfang und die Größe eines Innenwinkels des Dreiecks. (4 BE)

3. Auf einer Packung Pommes frites light werden die nebenstehenden Inhaltsstoffe angegeben. Stellen Sie die Anteile der angegebenen Inhaltsstoffe in einem Kreisdiagramm dar.

   337,5 g Kohlenhydrate
   112,5 g Fett
   300,0 g Sonstiges

   (4 BE)

Wahlaufgabe A2

1. In einer Urne befinden sich 10 rote, 8 grüne und 2 blaue Kugeln. Es werden drei Kugeln mit Zurücklegen gezogen.

    a) Berechnen Sie die Wahrscheinlichkeiten folgender Ereignisse:
    A: = „Die erste Kugel ist grün."
    B: = „Nur die erste Kugel ist grün."
    C: = „Genau eine Kugel ist grün."
    D: = „Keine Kugel ist rot."
    E: = „Alle drei Kugeln sind blau." (5 BE)

    b) Entscheiden Sie, welches der folgenden Ereignisse das Gegenereignis von E (aus Teilaufgabe a) beschreibt.
    E_1 := „Keine Kugel ist blau."
    E_2 := „Mindestens eine Kugel ist blau."
    E_3 := „Höchstens zwei Kugeln sind blau."
    Geben Sie die Wahrscheinlichkeit für das Gegenereignis von E an. (2 BE)

2. In einer Urne befinden sich 15 Kugeln. Eine bestimmte Anzahl dieser Kugeln ist weiß, die anderen sind schwarz. Jede weiße Kugel ist mit der Zahl 2, jede schwarze mit der Zahl 5 beschriftet. Addiert man die Zahlenwerte aller Kugeln, erhält man 57. Berechnen Sie, wie viele weiße und wie viele schwarze Kugeln sich in der Urne befinden. (4 BE)

3. Für jede reelle Zahl a ($a \neq 0$) sei eine Funktion f_a durch $y = f_a(x) = 2\cos x + a$ ($x \in \mathbb{R}$) gegeben.

    a) Vervollständigen Sie die Wertetabelle für $a = 2$ und $a = -1$.

x	0	$\frac{\pi}{4}$	$\frac{\pi}{2}$	π
$f_2(x)$				
$f_{-1}(x)$				

    Skizzieren Sie die Graphen der Funktionen f_2 und f_{-1} mindestens im Intervall $0 \leq x \leq 2\pi$. (3 BE)

    b) Beschreiben Sie, wie die Graphen der Funktionen f_a aus dem Graphen der Funktion $y = \cos x$ hervorgehen. (2 BE)

    c) Geben Sie an, für welche Werte von a die Funktionen f_a keine Nullstellen besitzen. (2 BE)

    d) Durch die Punkte $P(\pi; 0)$ und $Q(2\pi; 4)$ verläuft der Graph einer linearen Funktion h. Ermitteln Sie die Gleichung der Funktion h. (2 BE)

Tipps und Hinweise zu den Lösungen

Pflichtaufgabe

a)

- Die Länge des Weges $\overline{PR}$ berechnet man mit dem Kosinussatz im Dreieck PSR.
- Die gesamte Fläche APSR setzt sich aus den Dreiecksflächen der Dreiecke PSR und APR zusammen.
- Den Flächeninhalt des Dreiecks PSR kann man sofort berechnen, da die Länge von zwei Dreiecksseiten und die Größe des eingeschlossenen Winkels gegeben sind.
- Vom Dreieck APR sind die Längen zweier Seiten bekannt. Um den Flächeninhalt dieses Dreiecks berechnen zu können, benötigt man noch die Größe desjenigen Winkels, der von diesen beiden Seiten eingeschlossen wird.
- Berechnen Sie die Größen der Innenwinkel im Dreieck APR mit dem Sinussatz und der Innenwinkelsumme im Dreieck.

b)

- Um den Oberflächeninhalt des Zylinders berechnen zu können, sind die Maße von Radius und Höhe des Zylinders erforderlich.
- Stellen Sie eine Verhältnisgleichung für Radius r und Höhe h auf.
- Berechnen Sie jetzt aus dem bekannten Volumen des Zylinders und dem Zusammenhang von h und r den Radius und daraus dann die Höhe.
- Nun ist es möglich, den gesuchten Oberflächeninhalt (ohne Deckel!) zu berechnen.
- Bestimmen Sie die Größe des rechteckigen Stahlbleches und des entstehenden Abfalls.
- Sie benötigen hier Ihre Kenntnise zur Prozentrechnung.

c)

- Bei dieser Aufgabe liegt ein exponentielles Wachstum vor. Stellen Sie die Gleichung für dieses Wachstum auf und berechnen Sie die Kosten nach 4 Jahren.

d)

- Es liegt ein mehrstufiges Zufallsexperiment vor.
- Peter trifft immer mit einer Wahrscheinlichkeit von 0,8 und demnach mit einer Wahrscheinlichkeit von $1-0,8=0,2$ **nicht**.
- Die Versuchsausgänge der einzelnen Würfe sind stochastisch unabhängig, also können die Wahrscheinlichkeiten für die Würfe multipliziert werden.

Wahlaufgabe A1

1 a)

🖊 Wiederholen Sie Ihre Kenntnisse über die Eigenschaften der Funktion $y = \frac{1}{x}$.

🖊 Für die Skizze des Graphen ist eine Wertetabelle hilfreich. Beachten Sie dabei auch, dass der Wert 2 lediglich eine Verschiebung des Graphen der Funktion $y = \frac{1}{x}$ um 2 Einheiten entlang der y-Achse bewirkt.

1 b)

🖊 Setzen Sie $x = -\frac{1}{50}$ in die Funktionsgleichung ein und berechnen Sie den zugehörigen Funktionswert. Vergleichen Sie mit dem vorgegebenen Wert.

1 c)

🖊 Die x-Koordinaten der Schnittpunkte der Graphen der Funktionen errechnet man, indem man die Funktionsgleichungen gleichsetzt und die entstandene Gleichung nach x auflöst. Vergessen Sie nicht, die zugehörigen y-Werte zu berechnen und die Koordinaten der Schnittpunkte aufzuschreiben!

2 a)

🖊 Für die rechnerische Lösung ist das Einsetzungsverfahren geeignet.

🖊 Für die grafische Lösung betrachten Sie beide Gleichungen als Funktionsgleichungen linearer Funktionen (Gleichung (I) nach y umstellen) und zeichnen Sie deren Graphen in ein gemeinsames Koordinatensystem. Die Koordinaten des Schnittpunktes entsprechen der Lösung.

2 b)

🖊 Fertigen Sie sich nochmals eine Skizze an und kennzeichnen Sie das Dreieck. Ermitteln Sie die Koordinaten der Eckpunkte des Dreiecks.

🖊 Bei der Berechnung des Flächeninhaltes des Dreiecks sucht man sich eine geeignete Grundseite und die Höhe auf dieser Grundseite.

🖊 Die Länge der anderen Seiten bestimmt man mittels des Satzes des Pythagoras in den entsprechenden rechtwinkligen Hilfsdreiecken, die durch Koordinaten der Eckpunkte berechenbar sind.

🖊 Nutzen Sie eine geeignete Winkelbeziehung in einem vorhandenen rechtwinkligen Hilfsdreieck, um die Größe eines Innenwinkels zu berechnen.

3

🖊 Lösen Sie Verhältnisgleichungen, um die entsprechenden Winkelgrößen für die einzelnen Inhaltsstoffe zu bestimmen.

🖊 Vergessen Sie nicht, die einzelnen Kreissektoren zu beschriften.

Wahlaufgabe A2

1

Es handelt sich um ein dreistufiges Zufallsexperiment, bei dem die Kugeln zurückgelegt werden. Die Wahrscheinlichkeiten für das Ziehen der einzelnen farbigen Kugeln bleiben somit immer gleich. Ermitteln Sie zunächst diese Wahrscheinlichkeiten sowie die, dass die entsprechenden Kugeln nicht gezogen werden.

1 a)

Bestimmen Sie die Wahrscheinlichkeiten durch inhaltliche Überlegungen.
oder: Fertigen Sie sich ein beschriftetes Baumdiagramm an und ermitteln dann die Wahrscheinlichkeiten der Ereignisse.

1 b)

Das Gegenereignis tritt bereits ein, falls wenigstens eine gezogene Kugel nicht blau ist. Vergleichen Sie nun mit den Aussagen der Ereignisse E_1 bis E_3.

2

Stellen Sie zu den bekannten Aussagen zwei Gleichungen auf. Betrachten Sie diese Gleichungen als lineares Gleichungssystem und lösen Sie dieses.

3 a)

Für die Parameter $a=2$ und $a=-1$ erhält man die folgenden Funktionen:
$f_2(x) = 2\cos x + 2$ und $f_{-1}(x) = 2\cos x - 1$
Ermitteln Sie nun die zugehörigen Funktionswerte in der Wertetabelle.

Stellen Sie die beiden Funktionen grafisch dar, falls Ihnen das nicht gleich gelingt, bearbeiten Sie erst Teilaufgabe b oder berechnen noch weitere Wertepaare.

3 b)

Überlegen Sie, welche Bedeutung der Faktor 2 und der Parameter a in der Kosinusfunktion $y = 2\cos(x) + a$ haben.

Der Faktor 2 bewirkt eine Streckung in Richtung der y-Achse, der Parameter a eine anschließende Verschiebung entlang der y-Achse.

3 c)

Betrachten Sie sich die grafische Darstellung der Funktion f_2 und deren Nullstellen.

Überlegen Sie, was mit dem Graphen der Funktion f_a passiert, wenn sich der Wert von a weiter vergrößert.

Betrachten Sie nun auch den Fall für $a=-2$ und schlussfolgern Sie auch hier.

3 d)

Setzen Sie jeweils die Koordinaten der Punkte P und Q in die Gleichung $y = mx + n$ einer linearen Funktion ein. Lösen Sie das entstandene lineare Gleichungssystem.

Lösungen

Pflichtaufgabe

a) Gegeben: Ausschnitt APSR aus dem Lageplan eines Stadtparks
$\overline{AR} = 650$ m
$\overline{PS} = 550$ m
$\overline{RS} = 600$ m
$\sphericalangle PAR = 84,9°$
$\sphericalangle SPA = 76,0°$
$\sphericalangle RSP = 115,0°$

Gesucht: Länge des Weges $\overline{PR}$
Größe der Fläche APSR in Hektar

Skizze:

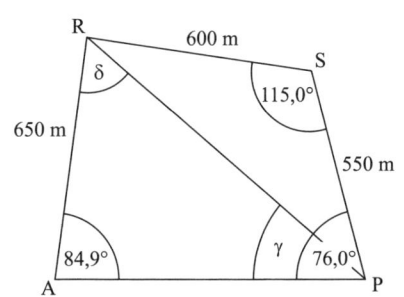

Die Länge der Strecke $\overline{PR}$ berechnet man mit dem Kosinussatz im Dreieck PSR.

$\overline{PR}^2 = \overline{PS}^2 + \overline{RS}^2 - 2 \cdot \overline{PS} \cdot \overline{RS} \cdot \cos \sphericalangle RSP$

$\overline{PR}^2 = (550 \text{ m})^2 + (600 \text{ m})^2 - 2 \cdot 550 \text{ m} \cdot 600 \text{ m} \cdot \cos 115°$

$\underline{\underline{\overline{PR} \approx 970,3 \text{ m}}}$

Der Weg hat eine Länge von ca. 970 m.

Um den Flächeninhalt der Fläche APSR zu berechnen, unterteilt man dieses Viereck in die Dreiecke PSR und APR. Flächeninhalt des Dreiecks PSR:

$A_1 = \frac{1}{2} \cdot \overline{PS} \cdot \overline{RS} \cdot \sin \sphericalangle RSP$

$A_1 = \frac{1}{2} \cdot 550 \text{ m} \cdot 600 \text{ m} \cdot \sin 115°$

$\underline{\underline{A_1 \approx 149\,540,8 \text{ m}^2}}$

Für die Berechnung des Flächeninhaltes des Dreiecks APR benötigt man noch die Größe des Innenwinkels ∢ARP = δ. Dafür berechnet man als erstes den Winkel γ im Dreieck APR mit dem Sinussatz.

$$\frac{\sin \gamma}{\overline{AR}} = \frac{\sin \sphericalangle PAR}{\overline{PR}}$$

$$\sin \gamma = \frac{\overline{AR} \cdot \sin \sphericalangle PAR}{\overline{PR}}$$

$$\sin \gamma = \frac{650 \text{ m} \cdot \sin 84,9°}{970,3 \text{ m}}$$

$$\gamma \approx 41,9°$$

Da die Summe der Innenwinkel γ + δ + 84,9° = 180° ergibt, ist δ ≈ 53,2°.

Flächeninhalt des Dreiecks APR:

$$A_2 = \frac{1}{2} \cdot \overline{AR} \cdot \overline{PR} \cdot \sin \delta$$

$$A_2 \approx \frac{1}{2} \cdot 650 \text{ m} \cdot 970,3 \text{ m} \cdot \sin 53,2°$$

$$A_2 \approx 252\,508,6 \text{ m}^2$$

Somit ist:

$A = A_1 + A_2$

$A \approx 402\,049,4 \text{ m}^2$ $1 \text{ ha} = 10\,000 \text{ m}^2$

$A \approx 40,2 \text{ ha}$

Die Größe der Fläche APSR beträgt etwa 40,2 ha.

Alternativer Lösungsweg mit einem CAS:
Beim Lösen dieser Aufgabe mithilfe eines CAS kann man zum Beispiel die gegebenen Größen als Variablen abspeichern. Das CAS ist dabei auf Gradmaß eingestellt.

650 → ar	650
550 → ps	550
600 → rs	600
84.9 → α	84.9
115. → β	115.

Für die Berechnung der Länge des
Weges PR ergibt sich nun:

```
1.1  1.2  1.3  ▶  BLF-CAS ▼
ps²+rs²−2·ps·rs·cos(β)              941428.
√941428.05274886                    970.272
                                              2/99
```

Für den Flächeninhalt A_1 des Dreiecks PSR erhält man:

```
1.1  1.2  1.3  ▶  BLF-CAS ▼
½·ps·rs·sin(β)                      149540.8
                                              1/99
```

Um den Flächeninhalt A_2 des Dreiecks APR berechnen zu können, kann
man sofort mithilfe des CAS unter
Einsatz des SOLVE-Befehls die Länge der Seite AP des Dreiecks berechnen, was händisch mit dem Lösen
einer quadratischen Gleichung möglich, aber zeitaufwendiger ist. Dann
erhält man:

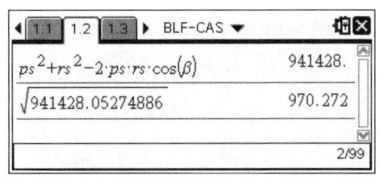

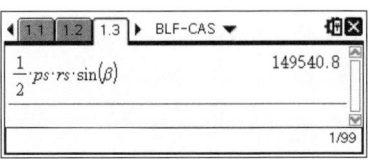

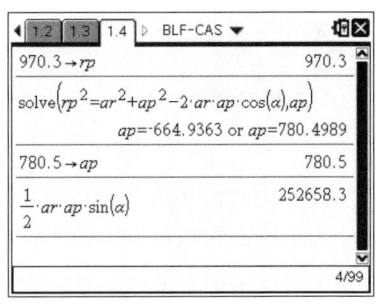

```
1.2  1.3  1.4  ▶  BLF-CAS ▼
970.3→rp                             970.3
solve(rp²=ar²+ap²−2·ar·ap·cos(α),ap)
                        ap=−664.9363 or ap=780.4989
780.5→ap                             780.5
½·ar·ap·sin(α)                     252658.3
                                              4/99
```

b) Gegeben: Zylinderförmiger Müllbehälter

   $V = 24\ \ell = 24\ \text{dm}^3 = 24\,000\ \text{cm}^3$

   $\dfrac{r}{h} = \dfrac{1}{3}$ und somit ist $h = 3r$.

   Stahlblech: $\ell = 115$ cm; $b = 45$ cm

   Gesucht: Prozentualer Abfall bei der Herstellung
   Skizze:

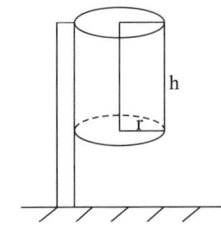

   (Skizze nicht maßstäblich)

   Zuerst berechnet man den Oberflächeninhalt des zylinderförmigen Müllbehälters ohne Deckel mit der Formel $A_O = A_G + A_M$.
   Dafür benötigt man aber den Radius r und die Höhe h. Letztere erhält man aus
   dem gegebenen Volumen V und dem bekannten Zusammenhang $h = 3r$.

$$V = \pi r^2 \cdot h = 24\,000 \text{ cm}^3$$
$$\pi r^2 \cdot 3r = 24\,000 \text{ cm}^3$$
$$3\pi r^3 = 24\,000 \text{ cm}^3 \qquad |:3\pi$$
$$r^3 \approx 2\,546,48 \text{ cm}^3 \qquad |\sqrt[3]{}$$
$$\underline{r \approx 13,7 \text{ cm}} \quad \text{und}$$
$$h = 3r$$
$$\underline{h \approx 41,0 \text{ cm}}$$

$$A_G = \pi r^2$$
$$A_G = \pi \cdot (13,7 \text{ cm})^2$$
$$\underline{A_G \approx 589,6 \text{ cm}^2}$$

$$A_M = u \cdot h$$
$$A_M = 2\pi r \cdot h$$
$$A_M = 2\pi \cdot 13,7 \text{ cm} \cdot 41,0 \text{ cm}$$
$$\underline{A_M \approx 3\,529,3 \text{ cm}^2}$$

$$A_O = 589,6 \text{ cm}^2 + 3\,529,3 \text{ cm}^2$$
$$\underline{\underline{A_O \approx 4\,119 \text{ cm}^2}}$$

Für die Herstellung des Müllbehälters benötigt man etwa 4 119 cm² Stahlblech.

Die Mantelfläche und die Grundfläche des Müllbehälters kann man aus einem rechteckigen Stahlblech, wie in folgender Skizze beschrieben, herstellen.

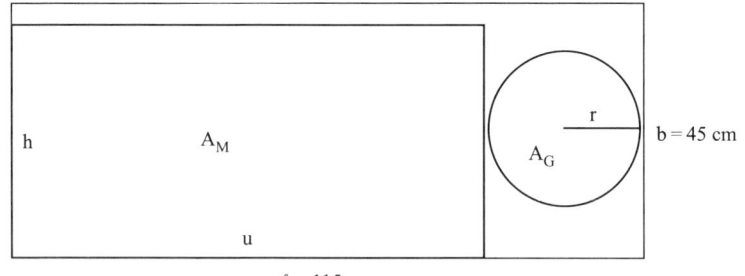

Das Stahlblech hat eine Fläche von:
$$A = \ell \cdot b$$
$$A = 115 \text{ cm} \cdot 45 \text{ cm}$$
$$\underline{\underline{A = 5\,175 \text{ cm}^2}}$$

Bei der Herstellung entsteht ein Abfall von:

$5\,175 \text{ cm}^2 - 4\,119 \text{ cm}^2 = \underline{1\,056 \text{ cm}^2}$

Um den prozentualen Abfall zu berechnen, gilt der folgende Ansatz:

$$\frac{100\,\%}{5\,175 \text{ cm}^2} = \frac{x}{1\,056 \text{ cm}^2}$$

$\underline{\underline{x \approx 20,4\,\%}}$

Bei der Herstellung entsteht ein Abfall von ca. 20 %.

c) Die Pflegekosten des Parks unterliegen einem exponentiellen Wachstum.

$K_n = K_0 \cdot \left(1 + \dfrac{p}{100}\right)^n$ $\qquad K_n$ ... Kosten nach n Jahren

$\qquad\qquad\qquad\qquad\qquad\qquad K_0$ ... Anfangskosten

$K_{2012} = K_{2008} \cdot \left(1 + \dfrac{3,4}{100}\right)^4$ $\qquad p$ ... prozentuale Steigerung

$\qquad\qquad\qquad\qquad\qquad\qquad n$ ... Dauer in Jahren

$K_{2012} = 80\,000 \text{ €} \cdot 1,034^4$

$\underline{K_{2012} \approx 91\,447,56 \text{ €}}$

Im Jahr 2012 muss die Stadt für die Pflege des Parks etwa 91 448 € aufbringen.

d) Die Trefferwahrscheinlichkeit von Peter beträgt p = 0,8 bei einer Trainingsserie von n = 10 Würfen.
Für die Berechnung der Wahrscheinlichkeit des Ereignisses A, dass Peter bei allen 10 Würfen trifft, gilt:

$P(A) = 0,8^{10} \approx \underline{\underline{0,107}}$

Das Ereignis B beschreibt, dass Peter erst zweimal hintereinander nicht trifft. Er trifft jeweils mit einer Wahrscheinlichkeit von $\overline{p} = 1 - p = 0,2$ nicht. Der dritte Wurf ist sein erster Treffer.

$P(B) = 0,2 \cdot 0,2 \cdot 0,8 = \underline{\underline{0,032}}$

Um die Trefferwahrscheinlichkeit zu berechnen, bei 10 Würfen mit einer Wahrscheinlichkeit von 0,3 immer zu treffen, nutzt man den Ansatz zur Berechnung der Wahrscheinlichkeit des Ereignisses A.

$p^{10} = 0,3 \qquad |(\;)^{\frac{1}{10}}$

$p \approx 0,887$

Die Trefferwahrscheinlichkeit von Peter muss sich somit auf 0,887 erhöhen.

Wahlaufgabe A1

1. Gegeben: $y = f(x) = \dfrac{1}{x} + 2$

   a) Als Hilfestellung bei der grafischen Darstellung soll die folgende Wertetabelle dienen:

x	−5	−2	−1	−0,5	−0,25	0,25	0,5
$y = f(x) = \dfrac{1}{x} + 2$	1,8	1,5	1	0	−2	6	4

x	1	2	5
$y = f(x) = \dfrac{1}{x} + 2$	3	2,5	2,2

   Grafische Darstellung der Funkion f:

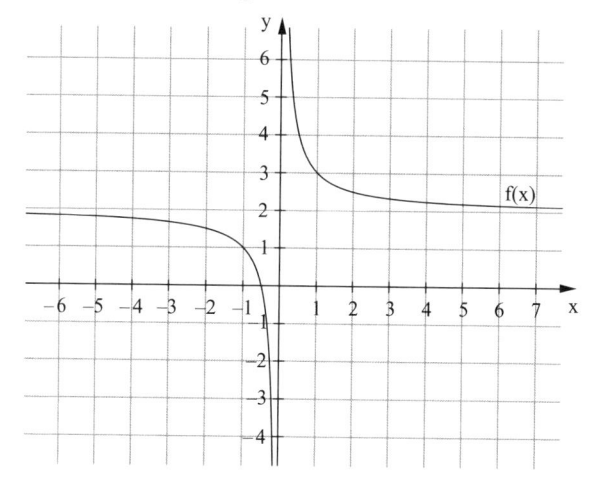

   Bemerkung: Bei dem Graphen der Funktion f handelt es sich um die um 2 Einheiten entlang der y-Achse nach oben verschobene Potenzfunktion $y = \dfrac{1}{x} = x^{-1}$.

   Definitionsbereich: DB = {x: x ∈ ℝ; x ≠ 0}
   Wertebereich: WB = {y: y ∈ ℝ; y ≠ 2}
   Monotonieverhalten: Die Funktion f ist in ihrem gesamten Definitionsbereich monoton fallend.

b) Um nachzuprüfen, ob $P\left(-\frac{1}{50}; -52\right)$ zum Graphen der Funktion f gehört, setzt man das Argument $x = -\frac{1}{50}$ in die Funktionsgleichung ein und berechnet den zugehörigen Funktionswert y.

$$f\left(-\frac{1}{50}\right) = \frac{1}{-\frac{1}{50}} + 2$$

$$= -50 + 2$$

$$= \underline{-48 \neq -52}$$

Der Punkt P gehört nicht zum Graphen der Funktion f.

c) Gegeben: $y = g(x) = \frac{1}{2}x + \frac{3}{2}$ $(x \in \mathbb{R})$

Für die Berechnung der Koordinaten der Schnittpunkte der Graphen der Funktionen f und g setzt man deren Funktionsgleichungen gleich und löst diese Gleichung nach x auf.

$$f(x) = g(x)$$

$$\frac{1}{x} + 2 = \frac{1}{2}x + \frac{3}{2} \qquad |-2$$

$$\frac{1}{x} = \frac{1}{2}x - \frac{1}{2} \qquad |\cdot 2x$$

$$2 = x^2 - x \qquad |-2$$

$$\underline{0 = x^2 - x - 2} \qquad \text{(quadratische Gleichung mit } p = -1 \text{ und } q = -2\text{)}$$

$$x_{1,2} = -\frac{p}{2} \pm \sqrt{\left(\frac{p}{2}\right)^2 - q}$$

$$x_{1,2} = \frac{1}{2} \pm \sqrt{\frac{1}{4} + 2}$$

$$x_{1,2} = \frac{1}{2} \pm \frac{3}{2} \qquad \Rightarrow \quad \underline{x_1 = 2 \qquad x_2 = -1}$$

Nun setzt man x_1 und x_2 in eine der beiden Funktionsgleichungen f oder g ein und erhält:

$y_1 = 2{,}5 \qquad y_2 = 1$

Die Schnittpunkte haben somit folgende Koordinaten: $\underline{S_1(2; 2{,}5), S_2(-1; 1)}$

Alternativer Lösungsweg mit einem CAS:
Für die Darstellung von Funktionen sollte das CAS auf Bogenmaß eingestellt werden und der Funktionsterm unter f(x) abgespeichert werden. Jetzt kann bereits überprüft werden, ob der Punkt $P\left(-\frac{1}{50}; -52\right)$ zum Graphen der Funktion gehört.

Anschließend kann der Graph der Funktion f zur Veranschaulichung dargestellt und die Wertetabelle angezeigt werden.

Neben der Funktion f wird nun die Funktion g abgespeichert und es werden die Koordinaten der Schnittpunkte berechnet.

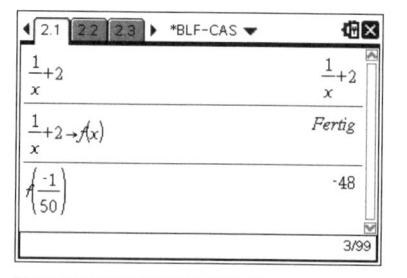

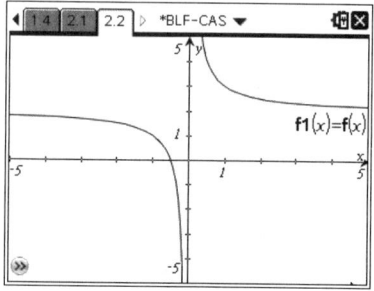

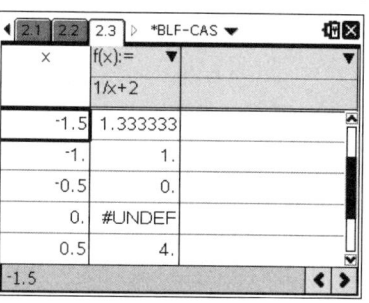

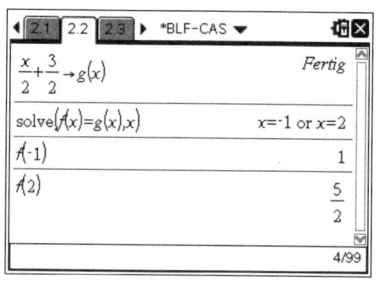

2. Gegeben ist das lineare Gleichungssystem:
   (I) $4x + 3y = 6$
   (II) $y = 2x - 8$ $(x, y \in \mathbb{R})$

a) Rechnerische Lösung:
Hier entscheidet man sich sicherlich für das Einsetzungsverfahren, da die Gleichung (II) bereits nach y umgestellt ist.

(II) in (I) $\quad 4x + 3(2x - 8) = 6$

$\quad\quad\quad\quad\quad 4x + 6x - 24 = 6$

$\quad\quad\quad\quad\quad 10x - 24 = 6 \quad |+24$

$\quad\quad\quad\quad\quad 10x = 30 \quad |:10$

$\quad\quad\quad\quad\quad \underline{x = 3}$

Nun setzt man $x = 3$ in (II) ein und erhält $\underline{y = -2}$.
Das Gleichungssystem hat die Lösung $(3; -2)$.

Grafische Lösung:
Für die grafische Lösung betrachtet man beide Gleichungen als Gleichungen linearer Funktionen und trägt diese in ein Koordinatensystem ein. Die Koordinaten ihres Schnittpunkts bilden die Lösung des Gleichungssystems.

(I) $\quad 4x + 3y = 6 \quad\quad |-4x$

$\quad\quad 3y = -4x + 6 \quad |:3$

$\quad\quad y = -\dfrac{4}{3}x + 2 \quad \hat{=} \; g_1(x)$

(II) $\quad y = 2x - 8 \quad \hat{=} \; g_2(x)$

Für ihre grafische Darstellung nutzt man das Steigungsdreieck oder man rechnet jeweils zwei Punkte aus, durch die die jeweilige Gerade verläuft.

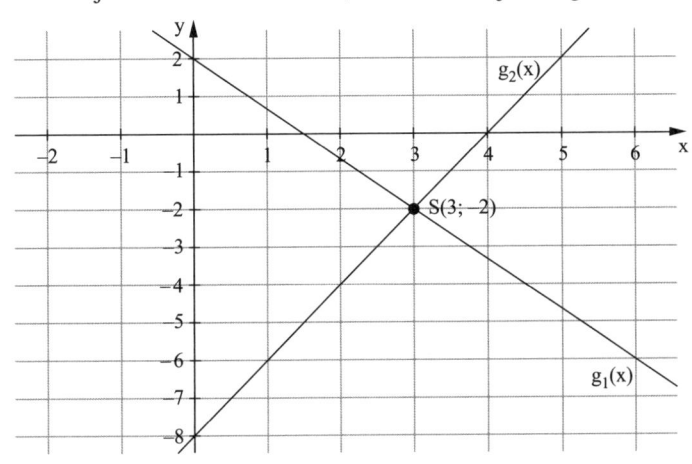

Das Ablesen der Koordinaten von S(3; −2) bestätigt die rechnerische Lösung des Gleichungssystems.

Alternativer Lösungsweg mit einem CAS:
Das lineare Gleichungssystem kann mittels des SOLVE-Befehls rechnerisch gelöst werden. Hier gibt es verschiedene Möglichkeiten für die Eingabe.
Um das lineare Gleichungssystem grafisch zu lösen, wird zuerst die Gleichung (I) nach y umgestellt und zusammen mit der Gleichung (II) als Funktion im CAS abgespeichert.

Im Grafikbildschirm kann der Schnittpunkt der Funktionen dargestellt werden. Die Koordinaten des Schnittpunktes entsprechen der Lösung des Gleichungssystems.

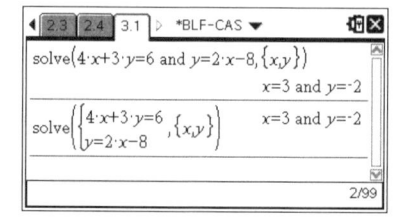

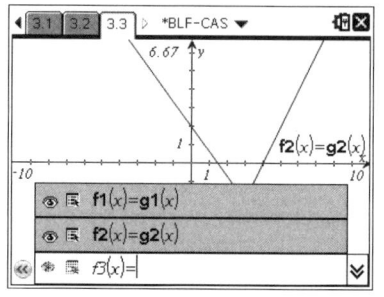

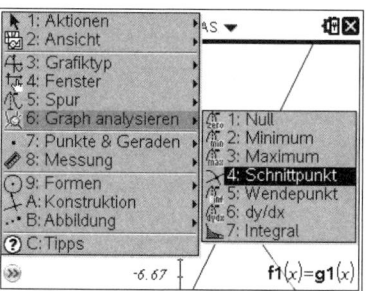

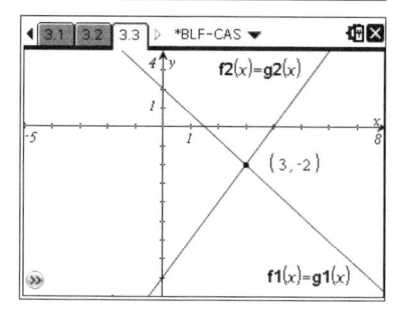

b) Die Graphen der beiden Funktionen g_1 und g_2 begrenzen mit der y-Achse das Dreieck N_1N_2S vollständig (siehe Skizze).

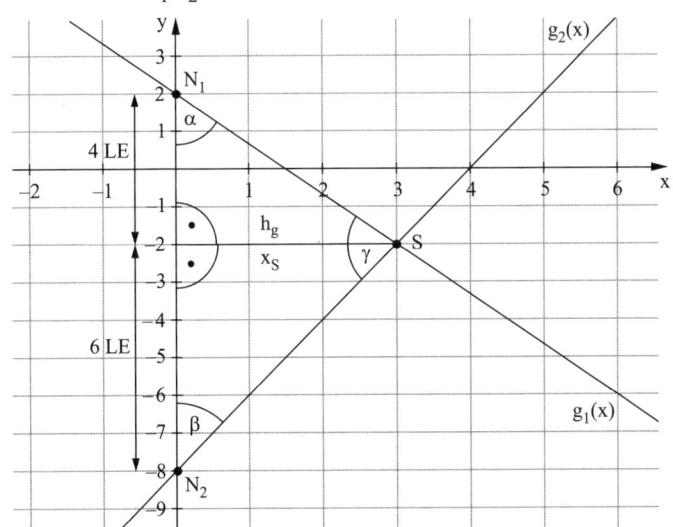

Bekannt sind auch die Koordinaten der Eckpunkte des Dreiecks.

$N_1(0; 2)$, $N_2(0; -8)$, $S(3; -2)$

Flächeninhalt des Dreiecks N_1N_2S:

$A = \dfrac{1}{2} g \cdot h_g$

$A = \dfrac{1}{2} \cdot 10 \text{ LE} \cdot 3 \text{ LE}$

$A = 15 \text{ FE}$

g ... Grundseite des Dreiecks
$g = \overline{N_1N_2} = 10 \text{ LE}$

h_g ... Höhe auf der Grundseite und entspricht der x-Koordinate x_S des Schnittpunkts S

$h_g = x_S = 3 \text{ LE}$

Umfang des Dreiecks N_1N_2S:

$u = \overline{N_1N_2} + \overline{N_1S} + \overline{N_2S}$

Bekannt ist die Seitenlänge $\overline{N_1N_2}$. Die Längen der beiden anderen Dreiecksseiten berechnet man mithilfe des Satzes des Pythagoras, da die Höhe h_g das Dreieck N_1N_2S in zwei rechtwinklige Dreiecke zerlegt (siehe Skizze).

$\overline{N_1S}^2 = h_g^2 + (2-(-2))^2$

$\overline{N_1S} = 5 \text{ LE}$

2011-17

$$\overline{N_2S}^2 = h_g^2 + (-2-(-8))^2$$

$$\overline{N_2S} = \sqrt{45} \text{ LE}$$

$$u = 10 \text{ LE} + 5 \text{ LE} + \sqrt{45} \text{ LE}$$

$$u \approx 21,7 \text{ LE}$$

Innenwinkel des Dreiecks N_1N_2S:
Die Winkel α und β berechnet man mittels einer Winkelbeziehung in den rechtwinkligen Dreiecken, die Größe des Winkels γ ergibt sich dann aus der Summe aller Innenwinkel.
Exemplarisch werden hier alle Winkel berechnet.

$\tan \alpha = \dfrac{\text{Gegenkathete}}{\text{Ankathete}} = \dfrac{3}{4} \quad \Rightarrow \quad \alpha \approx 36,9°$

$\tan \beta = \dfrac{\text{Gegenkathete}}{\text{Ankathete}} = \dfrac{3}{6} \quad \Rightarrow \quad \beta \approx 26,6°$

$\alpha + \beta + \gamma = 180° \quad\quad\quad\quad \Rightarrow \quad \gamma \approx 116,5°$

3. Die Summe aller Inhaltsstoffe ergibt:
   $337,5 \text{ g} + 112,5 \text{ g} + 300,0 \text{ g} = 750 \text{ g}$
   Diese Summe entspricht einem Vollkreis mit 360°. Für die Anteile gilt:

   Kohlenhydrate: $\quad \dfrac{\alpha}{337,5 \text{ g}} = \dfrac{360°}{750 \text{ g}} \quad \Rightarrow \quad \alpha = 162°$

   Fett: $\quad\quad\quad\quad\quad \dfrac{\beta}{112,5 \text{ g}} = \dfrac{360°}{750 \text{ g}} \quad \Rightarrow \quad \beta = 54°$

   Sonstiges: $\quad\quad\quad \gamma = 360° - 162° - 54° = 144°$

   Kreisdiagramm:

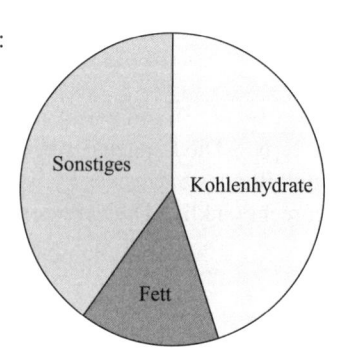

Wahlaufgabe A2

1. In der Urne befinden sich 10 rote (r), 8 grüne (g) und 2 blaue (b) Kugeln, also insgesamt 20 Kugeln.

   Da die Kugeln mit Zurücklegen gezogen werden, gelten die folgenden Wahrscheinlichkeiten für das Ziehen der Kugeln:

   $P(r) = \dfrac{10}{20} = \dfrac{1}{2}; \quad P(g) = \dfrac{8}{20} = \dfrac{2}{5}; \quad P(b) = \dfrac{2}{20} = \dfrac{1}{10}$

   a) Die Entnahme der Kugeln wird durch ein dreistufiges Zufallsexperiment beschrieben. Dieses kann durch ein Baumdiagramm dargestellt werden. Die Wahrscheinlichkeiten der Ereignisse lassen sich aber auch durch einfache Überlegungen ermitteln, dafür benötigt man nur noch die Wahrscheinlichkeiten der Komplementärereignisse (die entsprechenden Kugeln wurden nicht gezogen):

   $P(\overline{r}) = \dfrac{1}{2}; \quad P(\overline{g}) = \dfrac{3}{5}; \quad P(\overline{b}) = \dfrac{9}{10}$

   Damit gilt:

   $P(A) = P(\text{„die erste Kugel ist grün"}) = \underline{\underline{\dfrac{2}{5} = 0,4}}$

   Bei Ereignis A ist es unwichtig, welche Kugeln an zweiter und dritter Stelle gezogen werden. Dies ändert sich bei den Ereignissen B bis E aber.

   $P(B) = P(\text{„nur die erste Kugel ist grün"}) = P(g\overline{g}\overline{g}) = \dfrac{2}{5} \cdot \dfrac{3}{5} \cdot \dfrac{3}{5} = \underline{\underline{\dfrac{18}{125} = 0,144}}$

   $P(C) = P(\text{„genau eine Kugel ist grün"}) = P(g\overline{g}\overline{g}; \overline{g}g\overline{g}; \overline{g}\overline{g}g) = 3 \cdot P(B)$

   $= 3 \cdot \dfrac{2}{5} \cdot \dfrac{3}{5} \cdot \dfrac{3}{5} = \underline{\underline{\dfrac{54}{125} = 0,432}}$

   $P(D) = P(\text{„keine Kugel ist rot"}) = P(\overline{r}\,\overline{r}\,\overline{r}) = \dfrac{1}{2} \cdot \dfrac{1}{2} \cdot \dfrac{1}{2} = \underline{\underline{\dfrac{1}{8} = 0,125}}$

   $P(E) = P(\text{„alle drei Kugeln sind blau"}) = P(bbb) = \dfrac{1}{10} \cdot \dfrac{1}{10} \cdot \dfrac{1}{10}$

   $= \underline{\underline{\dfrac{1}{1\,000} = 0,001}}$

b) Das Ereignis E aus Teilaufgabe a beschreibt, dass alle drei gezogenen Kugeln blau sind.

Ein Gegenereignis tritt bereits ein, wenn **mindestens eine** gezogene Kugel **nicht blau** ist. Das ist gleichbedeutend damit, dass **höchstens zwei Kugeln blau** sein dürfen.

Damit ist das Gegenereignis von E das Ereignis E_3. Es gilt:

$P(E_3) = P(\overline{E}) = 1 - P(E) = 1 - 0,001 = \underline{\underline{0,999}}$

2. Die Anzahl der weißen Kugeln sei w und die Anzahl der schwarzen Kugeln s. Da deren Summe 15 beträgt, gilt:

(I) $w + s = 15$

Die geforderte Beschriftung ergibt folgenden Zusammenhang:

(II) $2w + 5s = 57$

Somit ist nur noch das folgende Gleichungssystem zu lösen, was zum Beispiel durch das Additionsverfahren geschehen kann.

(I) $w + s = 15 \quad |\cdot 2$
(II) $2w + 5s = 57$
(I') $2w + 2s = 30$
(II)−(I') $3s = 27$
           $\underline{\underline{s = 9}}$ und damit $\underline{\underline{w = 6}}$

In der Urne befinden sich 6 weiße und 9 schwarze Kugeln.

Alternativer Lösungsweg mit einem CAS:
Das Gleichungssystem kann mithilfe des SOLVE-Befehls gelöst werden.

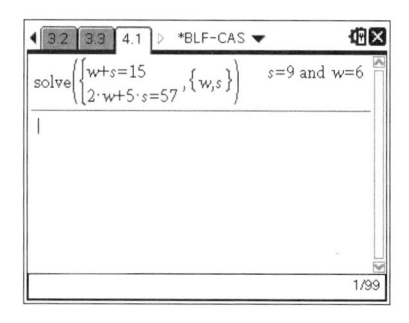

3. Gegeben: $y = f_a(x) = 2\cos x + a$; $x \in \mathbb{R}, a \in \mathbb{R}, a \neq 0$

a) Wertetabelle:

x	0	$\frac{\pi}{4}$	$\frac{\pi}{2}$	π
$f_2(x) = 2\cos x + 2$	4	$\sqrt{2}+2$	2	0
$f_{-1}(x) = 2\cos x - 1$	1	$\sqrt{2}-1$	-1	-3

Grafische Darstellung im Intervall $0 \leq x \leq 2\pi$:

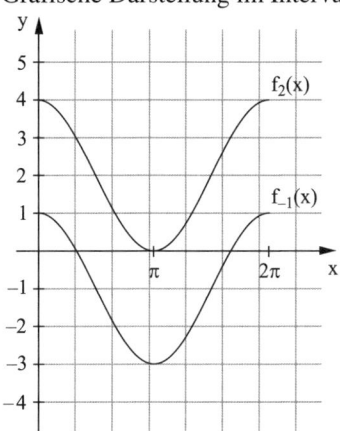

b) Die Graphen der Funktionen f_a gehen aus dem Graphen der Funktion $y = \cos x$ durch Streckung um den Faktor 2 in Richtung der y-Achse und um eine Verschiebung um a Einheiten in Richtung der y-Achse hervor.

c) Aus den Eigenschaften der Funktion f_a und deren grafischer Darstellung ist ersichtlich, dass der Faktor 2 und der Summand a den Wertebereich bestimmen.
WB = {y: y $\in \mathbb{R}$; $-2 + a \leq y \leq 2 + a$}
Damit der Graph der Funktion f_a keine Nullstellen besitzt, muss der kleinste Funktionswert $-2 + a$ oberhalb der x-Achse **oder** der größte Funktionswert $2 + a$ unterhalb der x-Achse liegen. Somit gilt:

$-2 + a > 0$ oder $2 + a < 0$

$\underline{a > 2}$ oder $\underline{a < -2}$

Für diese Werte von a besitzt der Graph der Funktion f_a keine Nullstellen.

d) Gegeben: P(π; 0), Q(2π; 4)

Gesucht ist die Gleichung einer linearen Funktion h, die durch die beiden Punkte P und Q verläuft.

Zur Lösung setzt man die Koordinaten von P und Q in die Gleichung einer linearen Funktion y = mx + n ein und bildet das folgende Gleichungssystem:

(I) $0 = m \cdot \pi + n$
(II) $4 = m \cdot 2\pi + n$

Nutzt man das Additionsverfahren, so erhält man für (II) – (I):

$4 = 2\pi m - \pi m$

$4 = \pi m \qquad |:\pi$

$m = \dfrac{4}{\pi}$

Setzt man nun m in (I) ein, ergibt sich für n:

$0 = \dfrac{4}{\pi} \cdot \pi + n$

$0 = 4 + n \qquad |-4$

$n = -4$

Somit folgt: $h(x) = \dfrac{4}{\pi} \cdot x - 4$

Alternativer Lösungsweg mit einem CAS:
Für die Darstellung von trigonometrischen Funktionen muss das CAS auf Bogenmaß eingestellt werden! Zuerst speichert man den Funktionsterm der Funktion $f_a(x)$ am besten als Funktion f(x, a) ab. Das hat den Vorteil, dass man sowohl x als auch a ändern kann.
Es folgt die Berechnung der Funktionswerte (nur einige Beispiele) und die grafische Darstellung.

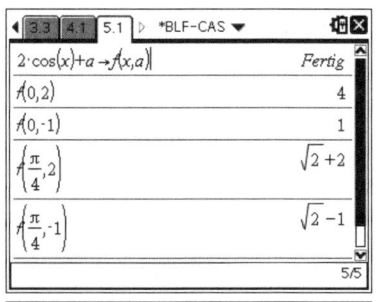

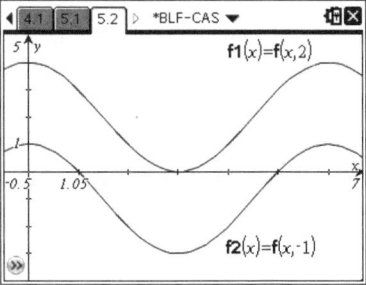

2011-22

Um die Bedeutung der Parameter 2 und a des Graphen der Funktion $f_a(x) = 2\cos(x) + a$ inhaltlich besser zu verstehen, hilft hier das CAS, um schrittweise Veränderungen am Graphen der Funktion mit der Gleichung $y = \cos(x)$ vorzunehmen. Als erstes untersucht man den Einfluss des Parameters 2 auf den Graphen der Funktion $f_a(x)$ mit $a = 0$. Hier erkennt man die Streckung um den Faktor 2 in Richtung der y-Achse.

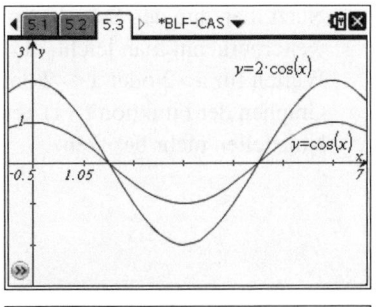

Mittels Schieberegler lässt sich nun darstellen, wie der Parameter a den Graphen der Funktion $y = 2\cos(x)$ entlang der y-Achse verschiebt. Dargestellt sind Beispiele für:

$a = 0$

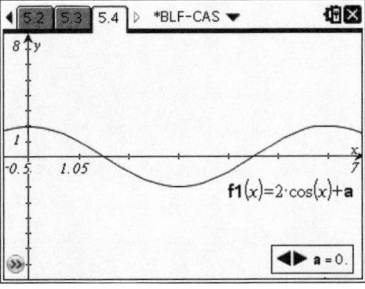

$a = -1$

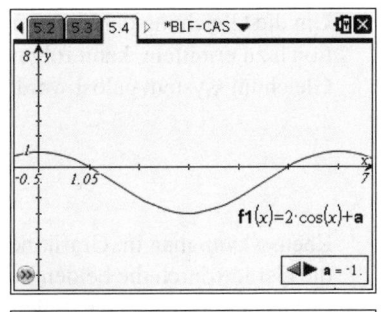

$a = 2$

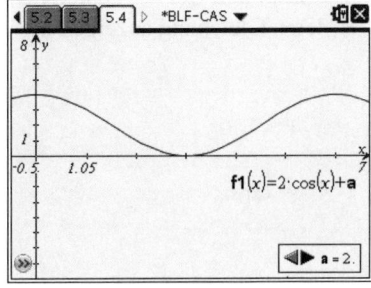

Nutzt man nun den Schieberegler weiter, erkennt man leicht, dass bei Werten für $a > 2$ oder $a < -2$ die Graphen der Funktion $f_a(x)$ keine Nullstellen mehr besitzen.

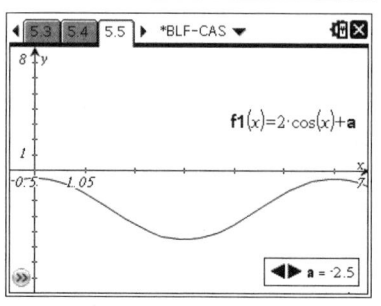

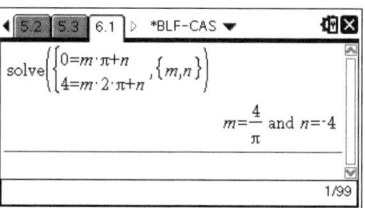

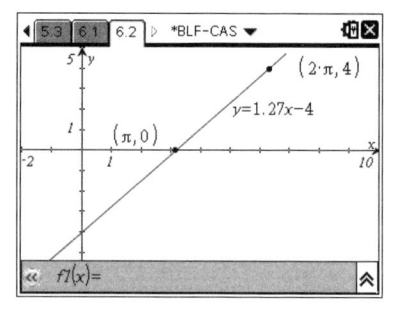

Um die Gleichung der linearen Funktion h zu ermitteln, kann folgendes Gleichungssystem gelöst werden:

Ebenso kann man im Grafikmenü die Gerade durch die beiden Punkte $P(\pi; 0)$ und $Q(2\pi; 4)$ darstellen und deren Gleichung anzeigen lassen.

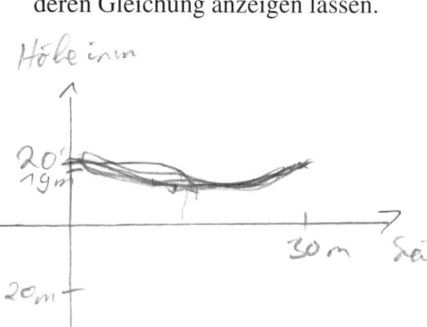

Höhe in m

20
19 m

30 m Säge in m

-20 m

$y = -\text{sin}$
$\pm 0.5 \left(\frac{1}{15}(x)\right)^2$
$\frac{1}{15}(x-15)^2 + 19$

Besondere Leistungsfeststellung Thüringen 10. Klasse Mathematik 2012

Pflichtaufgabe

Ein besonderes und bekanntes Ausflugsziel in Thüringen ist der Baumkronenpfad im Nationalpark Hainich.

a) Der 300 m lange Rundgang auf dem Baumkronenpfad kann annähernd durch das Viereck ABCD dargestellt werden.

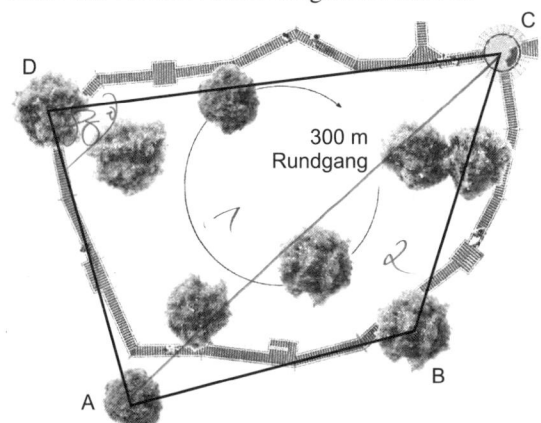

$\overline{AB} = 50$ m
$\overline{BC} = 80$ m
$\overline{CD} = 100$ m
$\overline{AD} = 70$ m
$\sphericalangle ADC = 80°$

© Nationalparkverwaltung Hainich, Gestaltungsatelier Papenfuß
(Skizze nicht maßstäblich)

Berechnen Sie die Größe der vom Baumkronenpfad eingeschlossenen Fläche. (3 BE)

b) Zwei Punkte auf dem Baumkronenpfad sind 30 m voneinander entfernt und befinden sich in einer Höhe von 20 m. Sie sind durch eine Hängebrücke verbunden, die in der Mitte 1 m durchhängt. Die Form der Hängebrücke kann näherungsweise durch eine Parabel beschrieben werden. Ermitteln Sie eine Gleichung dieser Parabel. (3 BE)

c) Bei einem Besuch des Baumkronenpfades zahlen vier Erwachsene und drei Kinder 43,00 € Eintritt. Sechs Erwachsene und fünf Kinder zahlen 66,00 € Eintritt.
Berechnen Sie den Eintrittspreis für einen Erwachsenen sowie für ein Kind. (3 BE)

Auf dem Baumkronenpfad befinden sich die Plattformen Fledermaus, Specht, Wildkatze und Schillerfalter. Eine Schulklasse wählt diese Motive für ein Glücksrad mit vier gleich großen Sektoren.

d) Die Kreisfläche wird aus einem Quadrat herausgeschnitten, dessen Seitenlänge dem Durchmesser des Kreises entspricht.
Berechnen Sie den prozentualen Abfall. (3 BE)

e) Das Glücksrad wird zweimal gedreht.
Berechnen Sie die Wahrscheinlichkeiten für die Ereignisse A, B und C.

A := „Der Pfeil zeigt zweimal auf den gleichen Sektor."
B := „Der Pfeil zeigt mindestens einmal auf den Sektor Specht."
C := A ∩ B

Geben Sie das Ereignis C in Worten an.

Entscheiden und begründen Sie, ob das Ereignis D das Gegenereignis von B ist.
D := „Der Pfeil zeigt höchstens einmal auf den Sektor Specht." (5 BE)

Wahlaufgabe 1

1. Radioaktives Jod 131 zerfällt spontan. Es hat eine Halbwertszeit von ungefähr 8 Tagen, das heißt, in 8 Tagen halbieren sich die Masse und die Strahlungsstärke dieses radioaktiven Elementes. Zu Beginn der Beobachtungszeit ist ein Gramm Jod 131 vorhanden.

   a)
Zeit in Tagen	0	8	16	24	32	40
Masse von Jod 131 in Gramm	1					

   Ergänzen Sie die Tabelle für den Spontanzerfall von Jod 131.
   Stellen Sie die Zuordnung grafisch dar. (3 BE)

   b) Berechnen Sie die Masse des Jod 131 einen Tag nach Beobachtungsbeginn. (3 BE)

   c) Berechnen Sie, nach wie vielen Tagen noch 1 % der ursprünglichen Masse von Jod 131 vorhanden ist. (2 BE)

2. Der Graph einer linearen Funktion f verläuft durch die Punkte P(0; 1) und Q(8; 0,5).

   a) Geben Sie eine Gleichung der Funktion f an.
   Ermitteln Sie die Nullstelle dieser Funktion. (3 BE)

   b) Bestimmen Sie je eine Gleichung der linearen Funktionen g und h, für die Folgendes gilt:
   – Der Graph der Funktion g verläuft parallel zum Graphen von f.
   – Der Graph der Funktion h schneidet den Graphen von f im Punkt Q rechtwinklig. (3 BE)

3. In einer Lostrommel befinden sich 6 Gewinnlose und 14 Nieten.

   a) Aus der Lostrommel werden nacheinander einzeln Lose gezogen.
   Berechnen Sie die Wahrscheinlichkeit der folgenden Ereignisse:
   A := „Das dritte entnommene Los ist das erste Gewinnlos."
   B := „Unter den ersten drei Losen ist genau ein Gewinnlos." (2 BE)

   b) In der Lostrommel sind zum Schluss genau vier Lose. Darunter befindet sich ein Gewinnlos.
   Vier Kinder dürfen nacheinander je ein Los ziehen.
   Paul behauptet: „Das erste Kind hat eine höhere Gewinnchance als das vierte Kind."
   Stimmt das? Begründen Sie Ihre Entscheidung unter Nutzung eines geeigneten Baumdiagramms. (4 BE)

Wahlaufgabe A2

1. Gegeben sind die Funktionen $y = f_a(x) = a \cdot \sin x$ mit $a \in \mathbb{R}$, $a > 0$, $x \in \mathbb{R}$.

   a) Geben Sie den Wertebereich der Funktionen f_a in Abhängigkeit von a an. (1 BE)

   b) Für eine dieser Funktionen f_a ist folgende Wertetabelle gegeben:

x	0	$0,5\pi$	π	$1,5\pi$
y	0	2	0	-2

   Skizzieren Sie die Funktion mindestens im Intervall $0 \leq x \leq 2\pi$.
   Geben Sie eine zugehörige Funktionsgleichung an. (2 BE)

   c) Gegeben ist die Funktion $f_3(x) = 3 \cdot \sin x$.
   (1) Der Graph von f_3 wird um zwei Einheiten in Richtung der positiven y-Achse verschoben.
   (2) Der Graph von f_3 wird an der x-Achse gespiegelt.

   Geben Sie jeweils eine Funktionsgleichung an. (2 BE)

2. Zeigen Sie, dass für alle reellen Zahlen x mit $x \neq -1$ die Gleichung
$(10^{x^2-1})^{\frac{1}{x+1}} = 10^{x-1}$ gilt. (2 BE)

3. Ein Glücksrad (siehe Skizze) hat zwei ungleich große Sektoren, wobei Sektor A der kleinere der beiden ist.

   a) Bei einem Glücksrad beträgt die Größe des Winkels im kleineren Sektor $\alpha = 120°$. Berechnen Sie die Wahrscheinlichkeit, dass bei zweimaligem Drehen unterschiedliche Sektoren angezeigt werden. (2 BE)

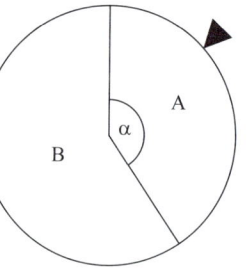

   b) Bei einem weiteren Glücksrad beträgt die Wahrscheinlichkeit 0,48, dass bei zweimaligem Drehen unterschiedliche Sektoren angezeigt werden.
   Berechnen Sie für dieses Glücksrad die Größe des Winkels α. (3 BE)

4. In der Zweitafelprojektion ist ein Pflanzgefäß aus Beton dargestellt.
   Der Außendurchmesser und die Außenhöhe des Gefäßes betragen jeweils 50 cm.
   Die Stärken der Wand und des Bodens betragen 5 cm.
   Die Dichte des Betons beträgt $2{,}4 \text{ kg} \cdot \text{dm}^{-3}$.
   Berechnen Sie die Masse des Pflanzgefäßes. (5 BE)

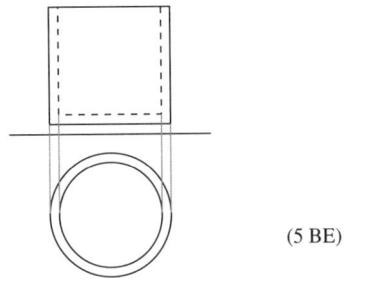

5. Ein kegelförmiges Kelchglas (siehe Skizze) ist bis 2 cm unter den Rand gefüllt.
   Berechnen Sie das Volumen der Flüssigkeit. (3 BE)

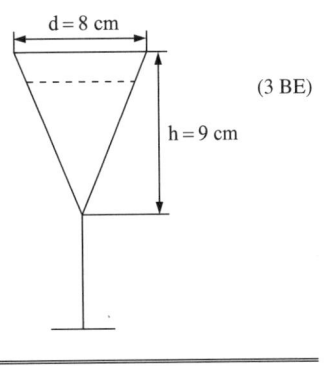

   $d = 8 \text{ cm}$
   $h = 9 \text{ cm}$

Tipps und Hinweise zu den Lösungen

Pflichtaufgabe

a)

- Die gesamte Fläche ABCD setzt sich aus den Dreiecksflächen der Dreiecke ACD und ABC zusammen.
- Den Flächeninhalt des Dreiecks ACD kann man sofort berechnen, da die Länge von zwei Dreiecksseiten und die Größe des eingeschlossenen Winkels gegeben sind.
- Vom Dreieck ABC sind die Längen zweier Seiten bekannt. Um den Flächeninhalt dieses Dreiecks berechnen zu können, benötigt man noch die Größe desjenigen Winkels, der von diesen beiden Seiten eingeschlossen wird.
- Diesen Winkel berechnet man mit dem Kosinussatz im Dreieck ABC.
- Die dafür fehlende Seite $\overline{AC}$ berechnet man mit dem Kosinussatz im Dreieck ACD.

b)

- Beachten Sie die besondere Lage der Parabel im Koordinatensystem unter Ausnutzung der Achsensymmetrie.
- Wiederholen Sie Ihre Kenntnisse über den Einfluss der Parameter a und c auf die Funktion $y = f(x) = a \cdot x^2 + c$.
- Mit Ihrem CAS können Sie die Funktionsgleichung auch durch eine Regression ermitteln.

c)

- Stellen Sie ein Gleichungssystem auf und lösen Sie dieses z. B. mit dem Additionsverfahren oder nutzen Sie ein CAS.

d)

- Fertigen Sie eine Skizze an und beschriften Sie diese. Erkennen Sie den Zusammenhang zwischen dem Radius r des Kreises und der Seitenlänge des Quadrates.
- Berechnen Sie die Flächeninhalte des Kreises und des Quadrates.
- Setzen Sie diese ins Verhältnis, um den prozentualen Abfall zu berechnen.

e)

- Die Sektoren des Glücksrades sind gleich groß, die Wahrscheinlichkeit für das Drehen eines Sektors beträgt somit $\frac{1}{4}$.
- Beachten Sie, dass Ereignis und Gegenereignis keine gemeinsamen Ergebnisse enthalten.

Wahlaufgabe A1

1 a)

🖊 Bei dieser Aufgabe liegt ein exponentieller Zerfall vor.

🖊 Verdeutlichen Sie sich die Bedeutung der Halbwertszeit.

1 b)

🖊 Stellen Sie die zugehörige Zerfallsgleichung auf und bestimmen Sie daraus die Masse nach einem Tag. Die Anfangsmasse ist mit 1 Gramm gegeben.

1 c)

🖊 Setzen Sie die Zerfallsgleichung gleich 1 % bzw. 0,01 und stellen Sie die entstandene Gleichung nach n um. Nutzen Sie dafür auch Ihr CAS.

2 a)

🖊 Wiederholen Sie die Möglichkeiten zur Bestimmung der Funktionsgleichung von linearen Funktionen. Beachten Sie dabei, dass bei dieser einfachen Aufgabe das CAS auch nur mal zur Kontrolle eingesetzt werden kann.

2 b)

🖊 Nutzen Sie für die Lösung dieser Aufgabe Ihre Kenntnisse über die Bedeutung von m und n in der Gleichung einer linearen Funktion $y = f(x) = m \cdot x + n$.

3

🖊 Bei dieser Aufgabe handelt es sich um einen mehrstufigen Ziehungsvorgang ohne Zurücklegen der gezogenen Lose. Damit verändert sich die Wahrscheinlichkeit bei jedem Ziehungsvorgang.

3 a)

🖊 Fertigen Sie ein Baumdiagramm an oder bestimmen Sie die Wahrscheinlichkeiten durch inhaltliche Überlegungen, indem Sie die Wahrscheinlichkeiten der Ereignisse gleich berechnen.

3 b)

🖊 Das geforderte Baumdiagramm besitzt vier Stufen.

Wahlaufgabe A2

🖊 Wiederholen Sie Ihre Kenntnisse über die Sinusfunktion sowie über die Bedeutung des Parameters a bei der Funktion $y = f_a(x) = a \cdot \sin x$.

1 a)

🖊 Der Wert des Parameters a bestimmt den Wertebereich.

1 b)

🖋 Finden Sie die Bedeutung der vorgegebenen Wertepaare in der Wertetabelle heraus. Beachten Sie dabei die kleinste Periode, die Nullstellen sowie die Hoch- und Tiefpunkte der Funktion f_a.

1 c)

🖋 Überlegen Sie sich die Bedeutung von Parametern bei der Verschiebung von Funktionsgraphen in Richtung der y-Achse sowie der Spiegelung an der x-Achse.

2

🖋 Formen Sie die linke Seite der Gleichung mittels geeigneter Potenzgesetze schrittweise um, sodass der Term der rechten Seite der Gleichung entsteht. Nutzen Sie dabei auch die Umkehrung der binomischen Formeln.

3 a)

🖋 Der Winkel α bestimmt die Größe des kleineren Sektors des Glücksrades. Dessen Anteil am Vollkreis bestimmt die Wahrscheinlichkeit beim einmaligen Drehen des Glücksrades. Daraus kann die Wahrscheinlichkeit für das einmalige Drehen des größeren Sektors angegeben werden.

🖋 Das zweimalige Drehen wird durch ein zweistufiges Zufallsexperiment beschrieben.

3 b)

🖋 P(AB; BA) soll nun 0,48 betragen. Überlegen Sie, welchen Zusammenhang es zwischen P(AB) und P(BA) gibt. Berechnen Sie darüber P(A) und anschließend α.

🖋 Zur Berechnung von P(A) ist eine quadratische Gleichung zu lösen.

4

🖋 Um die Masse des Pflanzgefäßes zu berechnen, muss man bei Vorgabe der Dichte zuerst dessen Volumen bestimmen.

🖋 Das Volumen des Pflanzgefäßes ergibt sich als Differenz der Volumina von zwei Kreiszylindern.

🖋 Beachten Sie dabei besonders die Angaben der Wandstärken.

5

🖋 Auch die Flüssigkeit im Sektglas entspricht einem Kreiskegel. Um sein Volumen zu berechnen, benötigt man zuerst seine Maße (Höhe, Durchmesser).

🖋 Das Sektglas und die Flüssigkeit bilden im Querschnitt eine Strahlensatzfigur.

🖋 Mithilfe des Strahlensatzes lässt sich der Durchmesser des Kreiskegels bestimmen.

🖋 Die Höhe ist in der Aufgabenstellung indirekt gegeben, da das Glas bis 2 cm unter den Rand gefüllt und das Glas 9 cm hoch ist.

Lösungen

Pflichtaufgabe

a) Gegeben: Rundgang ABCD auf dem Baumkronenpfad in Form eines Vierecks
$\overline{AB} = 50$ m
$\overline{BC} = 80$ m
$\overline{CD} = 100$ m
$\overline{AD} = 70$ m
$\sphericalangle ADC = 80° = \delta$

Gesucht: Größe der Viereckfläche ABCD
Skizze:

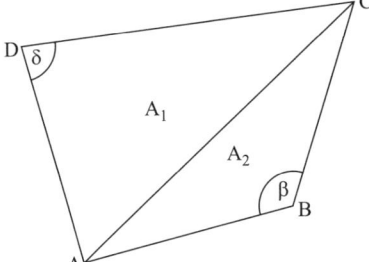

(Skizze nicht maßstäblich)

Um den Flächeninhalt des Vierecks ABCD zu berechnen, unterteilt man dieses in die Dreiecke ACD und ABC.

Flächeninhalt A_1 des Dreiecks ACD:

$A_1 = \frac{1}{2} \cdot \overline{AD} \cdot \overline{CD} \cdot \sin \delta$

$A_1 = \frac{1}{2} \cdot 70 \text{ m} \cdot 100 \text{ m} \cdot \sin 80°$

$A_1 \approx 3\,447 \text{ m}^2$

Für die Berechnung des Flächeninhaltes A_2 des Dreiecks ABC benötigt man noch die Größe eines Innenwinkels, z. B. $\sphericalangle ABC = \beta$. Diesen erhält man mit dem Kosinussatz im Dreieck ABC, dafür wird aber noch die Seite $\overline{AC}$ benötigt.

Die Länge der Seite $\overline{AC}$ berechnet man mit dem Kosinussatz im Dreieck ACD.

$\overline{AC}^2 = \overline{AD}^2 + \overline{CD}^2 - 2 \cdot \overline{AD} \cdot \overline{CD} \cdot \cos \delta$

$\overline{AC}^2 = (70 \text{ m})^2 + (100 \text{ m})^2 - 2 \cdot 70 \cdot 100 \text{ m} \cdot \cos 80°$

$\overline{AC} \approx 111{,}66 \text{ m}$

Für die Berechnung des Winkels $\sphericalangle ABC = \beta$ gilt:

$\overline{AC}^2 = \overline{AB}^2 + \overline{BC}^2 - 2 \cdot \overline{AB} \cdot \overline{BC} \cdot \cos\beta$ $\quad |+2 \cdot \overline{AB} \cdot \overline{BC} \cdot \cos\beta$

$\overline{AC}^2 + 2 \cdot \overline{AB} \cdot \overline{BC} \cdot \cos\beta = \overline{AB}^2 + \overline{BC}^2$ $\quad |-\overline{AC}^2$

$2 \cdot \overline{AB} \cdot \overline{BC} \cdot \cos\beta = \overline{AB}^2 + \overline{BC}^2 - \overline{AC}^2$ $\quad |: 2 \cdot \overline{AB} \cdot \overline{BC}$

$$\cos\beta = \frac{\overline{AB}^2 + \overline{BC}^2 - \overline{AC}^2}{2 \cdot \overline{AB} \cdot \overline{BC}}$$

$$\cos\beta = \frac{(50\text{ m})^2 + (80\text{ m})^2 - (111{,}66\text{ m})^2}{2 \cdot 50\text{ m} \cdot 80\text{ m}}$$

$\beta \approx 116{,}5°$

Flächeninhalt A_2 des Dreiecks ABC:

$A_2 = \frac{1}{2} \cdot \overline{AB} \cdot \overline{BC} \cdot \sin\beta$

$A_2 \approx \frac{1}{2} \cdot 50\text{ m} \cdot 80\text{ m} \cdot \sin 116{,}5°$

$A_2 \approx 1\,790\text{ m}^2$

Die Größe der Fläche beträgt damit:

$A = A_1 + A_2$

$A \approx 3\,447\text{ m}^2 + 1\,790\text{ m}^2$

$A \approx 5\,237\text{ m}^2$

Alternativer Lösungsweg mit einem CAS:
Die gegeben Größen werden abgespeichert.

Berechnung des Flächeninhaltes A_1 des Dreiecks ACD.

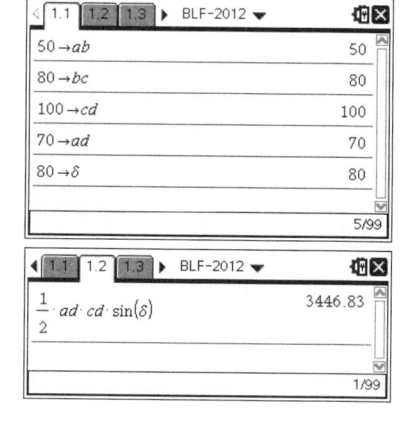

Berechnung der Seite $\overline{AC}$ mit dem Kosinussatz im Dreieck ACD.

```
ad²+cd²-2·ad·cd·cos(δ)        12468.9
√12468.925512663              111.664
111.66434306735 →ac           111.664
```

Berechnung des Winkels β mit dem Kosinussatz im Dreieck ABC.
Beachten Sie dabei, dass für den Winkel β gilt: $0° < \beta < 180°$

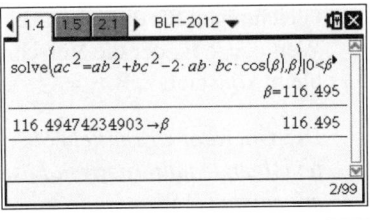

```
solve(ac²=ab²+bc²-2·ab·bc·cos(β),β)|0<β
                              β=116.495
116.49474234903 →β            116.495
```

Berechnung des Flächeninhaltes A_2 des Dreiecks ABC.

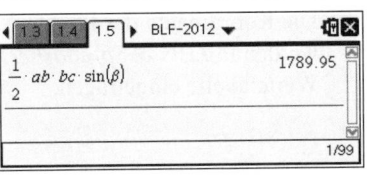

```
½·ab·bc·sin(β)                1789.95
```

b) Um eine Gleichung dieser Parabel zu ermitteln, muss man sich anfangs für die Lage der Parabel im Koordinatensystem entscheiden. Dafür gibt es verschiedene Möglichkeiten. Eine besteht darin, die tiefste Stelle der Hängebrücke in den Koordinatenursprung zu legen.

Skizze:

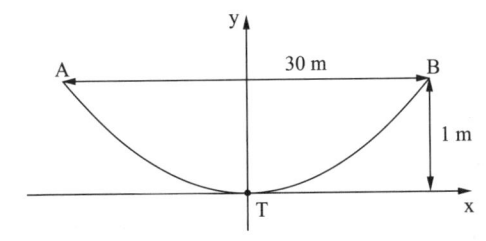

(Skizze nicht maßstäblich)

Damit lassen sich die Koordinaten folgender Punkte bestimmen:
T(0; 0)
A(−15; 1)
B(15; 1)
Für die Gleichung dieser Parabel gilt:
$y = f(x) = ax^2$

2012-11

Nach Einsetzen der Koordinaten der Punkte A oder B erhält man:
$1 = f(15) = a \cdot 15^2 \quad |:15^2$

$a = \dfrac{1}{225}$ und $y = f(x) = \dfrac{1}{225} x^2$

Bemerkung: Für jeden Ansatz nutzt man sicherlich die Eigenschaft der Achsensymmetrie der Parabel aus und legt den tiefsten Punkt auf die y-Achse. Andere Gleichungen für diese Parabel unterscheiden sich dann nur noch durch einen Wert c, c ∈ ℝ, der die Verschiebung auf der y-Achse beschreibt. Der Wert von a bleibt konstant; z. B. $y = \dfrac{1}{225} x^2 + 19$.

Der Operator „Ermitteln Sie ..." gestattet folgenden alternativen Lösungsweg mit einem CAS:
Die Koordinaten der Punkte A, B und T werden in *Lists & Spreadsheet* in eine Wertetabelle eingetragen.

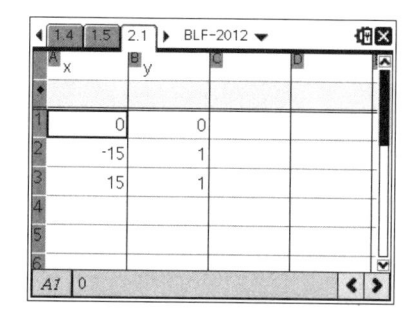

Die Koordinaten der Punkte werden in *Data & Statistics* übertragen.

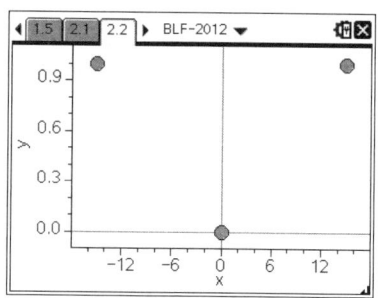

Mittels quadratischer Regression wird die Funktionsgleichung ermittelt:
$y = f(x) = 0{,}00\overline{4} \cdot x^2$

Es gilt:
$0{,}00\overline{4} = \dfrac{4}{900} = \dfrac{1}{225}$

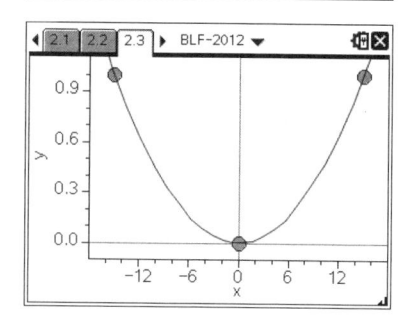

c) Für die Höhe der Eintrittspreise für die Erwachsenen (e) und die Kinder (k) kann das folgende Gleichungssystem aufgestellt werden:

(I) $4e + 3k = 43$
(II) $6e + 5k = 66$

Das Gleichungssystem kann durch verschiedene Verfahren gelöst werden, hier wird das Additionsverfahren genutzt:

(I) $4e + 3k = 43$ $| \cdot 3$
(II) $6e + 5k = 66$ $| \cdot 2$
(I') $12e + 9k = 129$
(II') $12e + 10k = 132$

(II') − (I') $k = 3$

Nach Einsetzen von $k = 3$ in eine der Gleichungen erhält man $e = 8{,}5$.
Der Eintrittspreis für einen Erwachsenen beträgt 8,50 € und für ein Kind 3,00 €.

Alternativer Lösungsweg mit einem CAS:
Mittels solve-Befehl erhält man ebenfalls $k = 3$ und $e = 8{,}5$.

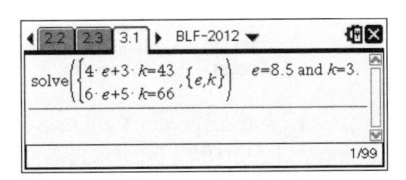

d) Flächeninhalt des Quadrates:
$A_Q = (2r)^2 = 4r^2$

Flächeninhalt des Kreises:
$A_K = \pi r^2$

Prozentualer Abfall:

$$\frac{A_K}{A_Q} = \frac{p}{100\,\%}$$

$$\frac{\pi r^2}{4r^2} = \frac{p}{100\,\%}$$

$p = 25\pi\,\%$
$p \approx 78{,}5\,\%$

Skizze:

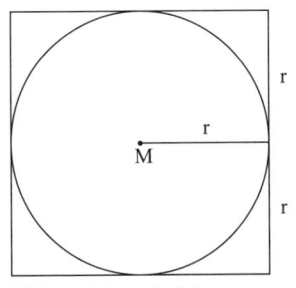

(Skizze nicht maßstäblich)

Die Fläche des Kreises entspricht somit 78,5 % der Fläche des Quadrates und der prozentuale Abfall beträgt $100\,\% - 78{,}5\,\% = 21{,}5\,\%$.

e) Gegeben ist ein Glücksrad mit 4 gleichen Sektoren.
Die Wahrscheinlichkeit, dass das Glücksrad beim einmaligen Drehen auf einem der 4 Sektoren stehen bleibt, ist damit gleich verteilt und beträgt $\frac{1}{4}$.
Das Glücksrad wird nun zweimal gedreht.

P(A) = P(„Der Pfeil zeigt zweimal auf den gleichen Sektor.")

$$= \underbrace{4}_{\text{4 verschiedene Sektoren}} \cdot \underbrace{\frac{1}{4} \cdot \frac{1}{4}}_{\text{Es wird zweimal der gleiche Sektor gedreht.}}$$

$$= \frac{1}{4} = 0{,}25$$

P(B) = P(„Der Pfeil zeigt mindestens einmal auf den Sektor Specht.")
= P(„Genau einmal Sektor Specht") + P(„Zweimal Sektor Specht")

$$= \underbrace{\frac{1}{4}}_{\text{zeigt auf Specht}} \cdot \underbrace{\frac{3}{4}}_{\text{zeigt nicht auf Specht}} + \underbrace{\frac{3}{4} \cdot \frac{1}{4}}_{\text{zeigt auf Specht}} + \frac{1}{4} \cdot \frac{1}{4}$$

$$= \frac{3}{16} + \frac{3}{16} + \frac{1}{16}$$

$$= \frac{7}{16}$$

$C := A \cap B$

Es ist leicht zu erkennen, dass das Ereignis C durch „Es wird zweimal der Sektor Specht angezeigt" beschrieben werden kann. Somit ist:

$$P(C) = \frac{1}{4} \cdot \frac{1}{4} = \frac{1}{16}$$

Ereignis und Gegenereignis besitzen keine gemeinsamen Elemente. Ergebnisse, die zum Ereignis gehören, gehören also nicht zum Gegenereignis.

Das Ereignis D := „Der Pfeil zeigt höchstens einmal auf den Sektor Specht" kann **nicht** das Gegenereignis von B sein, denn bei **beiden** Ereignissen B und D ist es zulässig, dass einmal auf den Sektor Specht gedreht wurde.

Wahlaufgabe A1

1. Der Spontanzerfall von radioaktivem Jod 131 kann durch einen exponentiellen Zerfall mit einer Halbwertszeit von etwa 8 Tagen beschrieben werden.

   a) Die Tabelle kann somit recht einfach durch inhaltliche Überlegungen ergänzt werden, denn nach jeweils 8 Tagen ist immer nur noch die Hälfte der Masse des ursprünglichen Jod 131 vorhanden.

Zeit in Tagen	0	8	16	24	32	40
Masse von Jod 131 in Gramm	1	$\frac{1}{2}$	$\frac{1}{4}$	$\frac{1}{8}$	$\frac{1}{16}$	$\frac{1}{32}$

   Trägt man die Wertepaare in ein Koordinatensystem ein und beachtet, dass es sich hierbei um einen exponentiellen Zerfall handelt, erhält man die folgende grafische Darstellung:

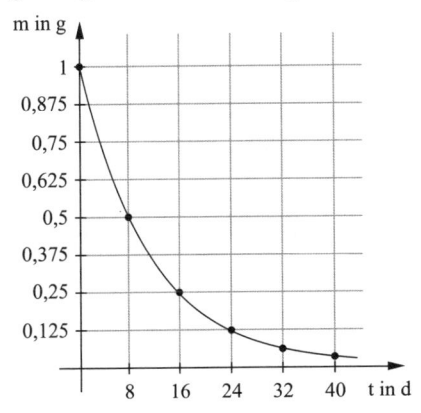

   b) Aufstellen der Gleichung für den exponentiellen Zerfall
   $m(n) = m_0 \cdot a^n$ $m(n)$ ... Masse nach n Tagen
   $\quad\quad\quad\quad\quad\quad\quad m_0$ ... Anfangsmasse $m_0 = 1$
   $\quad\quad\quad\quad\quad\quad\quad n$ ... Dauer in Tagen

   Die Halbwertszeit beträgt 8 Tage, somit gilt:
   $$\frac{1}{2} = 0{,}5 = 1 \cdot a^8$$
   $\underline{a = \sqrt[8]{0{,}5}}$ und $m(n) = 1 \cdot \sqrt[8]{0{,}5}^n$

   Masse von Jod 131 nach einem Tag:
   $m(1) = 1 \cdot (\sqrt[8]{0{,}5})^1$
   $\underline{m(1) \approx 0{,}917 \text{ g}}$

c) Die Anzahl der Tage, nach denen nur noch 1 % der ursprünglichen Masse von Jod 131 vorhanden ist, lässt sich mittels folgenden Ansatzes berechnen:

$0,01 = 1 \cdot \sqrt[8]{0,5}^n$ | ln

$\ln 0,01 = \ln \sqrt[8]{0,5}^n$ | Logarithmengesetz

$\ln 0,01 = n \cdot \ln \sqrt[8]{0,5}$ | $: \ln \sqrt[8]{0,5}$

$\underline{\underline{n \approx 53}}$

Nach etwa 53 Tagen ist nur noch 1 % der ursprünglichen Masse vorhanden.

Alternativer Lösungsweg mit einem CAS:
Für die grafische Darstellung des exponentiellen Zerfalls gibt man die Wertepaare in *Lists & Spreadsheet* in eine Wertetabelle ein.

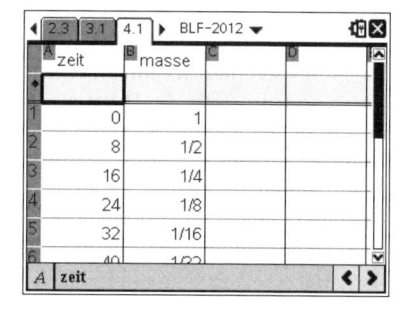

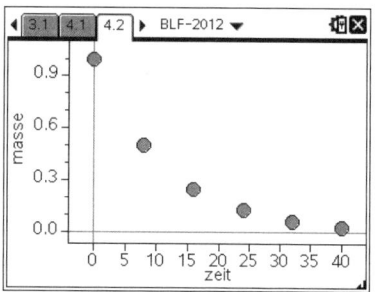

Man erhält in *Data & Statistics* mittels exponentieller Regression die folgende grafische Darstellung mit der Anzeige der Funktionsgleichung $f(x) = 1 \cdot (0{,}917004)^x$.

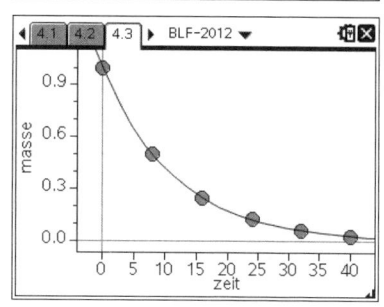

Diese Funktionsgleichung kann auch durch inhaltliche Überlegung aufgestellt und unter m(n) abgespeichert werden. Damit berechnet man dann die Masse nach einem Tag m(1).
Löst man die Gleichung $m(n) = \frac{1}{100}$ nach n auf, erhält man die gesuchte Anzahl n der Tage.

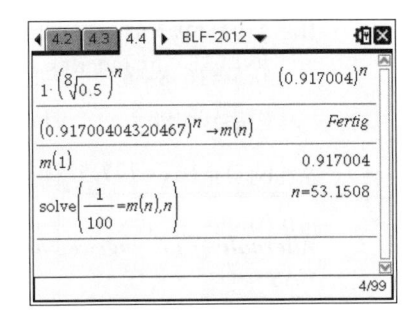

2. Graph einer linearen Funktion durch die Punkte P(0; 1) und Q(8; 0,5)

a) Eine lineare Funktion lässt sich durch eine Funktionsgleichung $y = f(x) = mx + n$ darstellen. Durch die Angabe der Koordinaten des Punktes P(0; 1) kann man $\underline{n = 1}$ sofort ablesen. Den Wert von m erhält man durch Einsetzen der Koordinaten des Punktes Q in die Funktionsgleichung.

$$y = f(x) = mx + n$$
$$0,5 = f(8) = m \cdot 8 + 1$$
$$m = -\frac{1}{16}$$
$$\underline{\underline{y = f(x) = -\frac{1}{16}x + 1}}$$

Ermitteln der Nullstelle:

$$f(x) = 0 = -\frac{1}{16}x + 1$$
$$\underline{\underline{x_0 = 16}}$$

b) Der Graph einer Funktion g verläuft parallel zum Graphen von f, wenn der Anstieg $m = -\frac{1}{16}$ konstant bleibt und der Wert von n sich ändert, z. B.:

$$\underline{\underline{y = g(x) = -\frac{1}{16}x + 3}}$$

Der Graph einer Funktion h schneidet den Graphen von f im Punkt Q rechtwinklig, wenn für die Anstiege m_f und m_h gilt: $m_f \cdot m_h = -1$

Somit ist $m_h = 16$ und die Gleichung der Funktion h kann nun aufgestellt werden.

h: $\quad y = mx + n \qquad m = 16; \; Q(8; 0,5)$

$\quad\;\; 0,5 = 16 \cdot 8 + n \quad |-128$

$\quad\;\; n = -127,5$

$\quad y = h(x) = 16x - 127,5$

Alternativer Lösungsweg mit einem CAS:
Wie in Teilaufgabe 1 c kann auch hier die Funktionsgleichung von f durch eine Regression (hier: lineare Regression) ermittelt werden.
Man erhält die Funktionsgleichung:
$y = f(x) = -0{,}0625x + 1$ bzw.

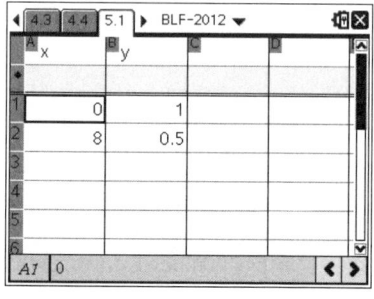

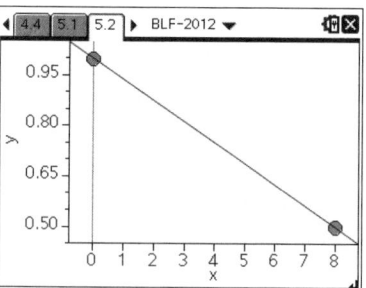

$y = f(x) = -\dfrac{1}{16}x + 1$

Auch die Lösung eines Gleichungssystems führt zur Funktionsgleichung für die Funktion f. Dargestellt sind weiterhin die Ermittlung der Nullstelle und eine Kontrollmöglichkeit für die Bestimmung der Funktionsgleichung h der Senkrechten zum Graphen von f durch den Punkt Q.

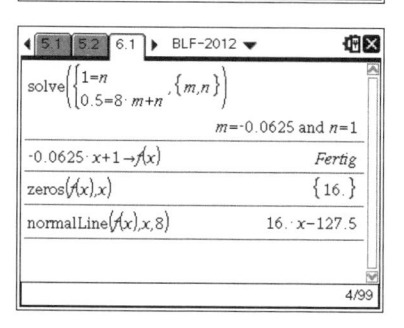

3. a) Bei der Entnahme der Lose aus der Lostrommel mit 6 Gewinnlosen (G) und 14 Nieten (N) handelt es sich um einen Ziehungsvorgang ohne Zurücklegen. Damit ändern sich die einzelnen Wahrscheinlichkeiten. Mithilfe eines Baumdiagramms, auf das hier verzichtet wird, oder durch inhaltliche Überlegungen kann man die Wahrscheinlichkeiten der Ereignisse bestimmen.

P(A) = P(„Das dritte entnommene Los ist das erste Gewinnlos.")
= P(NNG)

$$= \frac{14}{20} \cdot \frac{13}{19} \cdot \frac{6}{18}$$

    14 Nieten unter   nur noch 13 Nieten   6 Gewinnlose unter
    20 Losen   unter 19 Losen   nur noch 18 Losen

$$= \frac{91}{570} \approx 0{,}16$$

P(B) = P(„Unter den ersten drei Losen ist genau ein Gewinnlos.")
= P(NNG) + P(NGN) + P(GNN)

$$= \frac{91}{570} + \frac{14}{20} \cdot \frac{6}{19} \cdot \frac{13}{18} + \frac{6}{20} \cdot \frac{14}{19} \cdot \frac{13}{18}$$

$$= \frac{91}{190} \approx 0{,}48$$

b) Lostrommel mit 4 Losen, darunter 1 Gewinnlos G und 3 Nieten N.

Man könnte in die Versuchung kommen, Paul zu glauben, aber mit der Nutzung eines Baumdiagramms kann man seine Behauptung schnell widerlegen.

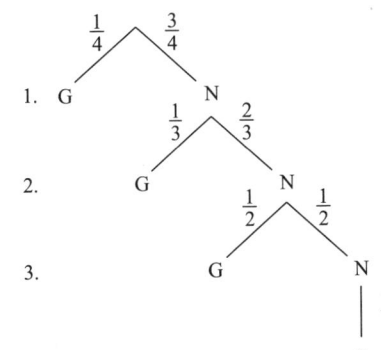

P(„erstes Kind gewinnt") = $\frac{1}{4}$

P(„zweites Kind gewinnt") = $\frac{3}{4} \cdot \frac{1}{3} = \frac{1}{4}$

P(„drittes Kind gewinnt") = $\frac{3}{4} \cdot \frac{2}{3} \cdot \frac{1}{2} = \frac{1}{4}$

P(„viertes Kind gewinnt") = $\frac{3}{4} \cdot \frac{2}{3} \cdot \frac{1}{2} \cdot \frac{1}{1} = \frac{1}{4}$

Alle Kinder haben die gleiche Gewinnchance von $\frac{1}{4}$.
Damit ist Pauls Behauptung widerlegt.

Wahlaufgabe A2

1. Gegeben: $y = f_a(x) = a \cdot \sin x$ mit $a \in \mathbb{R}$, $a > 0$, $x \in \mathbb{R}$

   a) Der Wert des Parameters a bestimmt den Wertebereich.
   $WB = \{y: y \in \mathbb{R}; -a \leq y \leq a\}$

   b) Die kleinste Periode der Funktion $f_a(x) = a \cdot \sin x$ ist 2π und die Nullstellen liegen im vorgegebenen Intervall bei 0; π; 2π. Den größten bzw. kleinsten Funktionswert nimmt diese Funktion an den Stellen $0{,}5\pi$ bzw. $1{,}5\pi$ an. Da dieser Funktionswert dem Wert a entspricht, folgt $a = 2$. Die Funktionsgleichung lautet daher:

   $y = f_2(x) = 2 \cdot \sin x$

   Skizze:

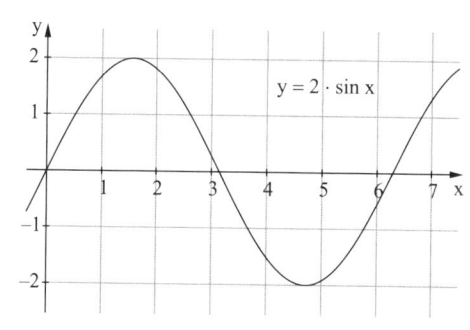

   c) Gegeben: $y = f_3(x) = 3 \cdot \sin x$

   (1) Um den Graphen der Funktion f_3 um zwei Einheiten in Richtung der positiven y-Achse zu verschieben, braucht man zur Funktionsgleichung von f_3 nur den Wert 2 addieren:

   $g(x) = f_3(x) + 2 = 3 \cdot \sin x + 2$

   (2) Der Graph einer Funktion wird an der x-Achse gespiegelt, wenn man die gesamte Funktionsgleichung mit dem Faktor -1 multipliziert:

   $h(x) = -f_3(x) = -3 \cdot \sin x$

   Alternativer Lösungsweg mit einem CAS:
   Das CAS kann dabei helfen, die Funktionsgleichung für Teilaufgabe b zu finden und diese Funktion zu skizzieren.

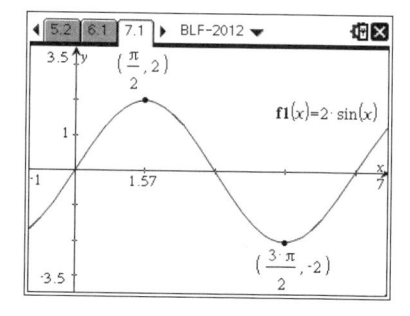

Die Verschiebung und die Spiegelung der Funktion f_3 sind in den nebenstehenden Screenshots dargestellt.

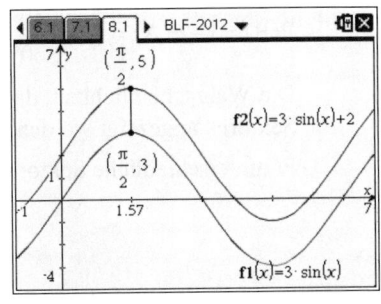

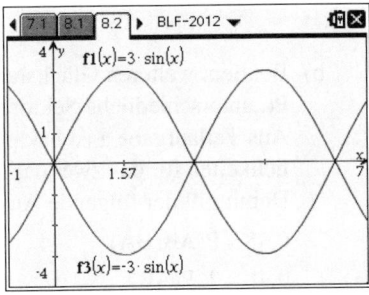

2. Für alle reellen Zahlen x mit $x \neq -1$ gilt:

$(10^{x^2-1})^{\frac{1}{x+1}}$ Potenzen werden potenziert, indem man die Exponenten multipliziert

$= 10^{\frac{x^2-1}{x+1}}$ Umkehrung 3. binomische Formel: $x^2 - 1 = (x+1) \cdot (x-1)$

$= 10^{\frac{(x+1) \cdot (x-1)}{x+1}}$ Kürzen

$\underline{\underline{= 10^{x-1}}}$

Damit ist der Nachweis durch eine äquivalente Umformung erbracht.

Bemerkung: Der Operator „Zeigen Sie …" fordert eine logische und lückenlose Umformung bzw. Herleitung mithilfe mathematischer Regeln. Ein CAS sollte dabei nur zur Kontrolle benutzt werden.

3. Glücksrad mit zwei ungleich großen Sektoren

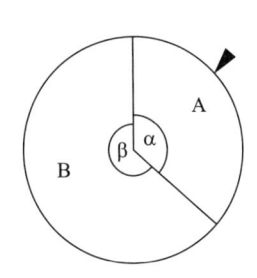

    a) Die Größe des Winkels vom kleineren Sektor A beträgt $\alpha = 120°$ und damit ist die Größe des Winkels $\beta = 240°$ des größeren Sektors B.

    Es gelten folgende Wahrscheinlichkeiten:

$P(A) = \dfrac{120°}{360°} = \dfrac{1}{3}$

$$P(B) = 1 - P(A) = \frac{2}{3} = \frac{240°}{360°}$$

Die Wahrscheinlichkeit, dass beim zweimaligen Drehen unterschiedliche Sektoren angezeigt werden, lässt sich nun berechnen.

P(„unterschiedliche Sektoren") = P(AB; BA)

$$= \frac{1}{3} \cdot \frac{2}{3} + \frac{2}{3} \cdot \frac{1}{3}$$

$$= 2 \cdot \frac{2}{9} = \underline{\underline{\frac{4}{9}}}$$

b) Bei dem weiteren Glücksrad ist bekannt, dass für
P(„unterschiedliche Sektoren") = P(AB; BA) = 0,48 gilt.
Aus Teilaufgabe a ist bekannt, dass P(B) = 1 − P(A) ist und die Wahrscheinlichkeiten für das zweimalige Drehen P(AB) und P(BA) gleich sind.
Damit gilt der folgende Ansatz:

$0,48 = P(AB; BA)$

$0,48 = 2 \cdot P(AB)$

$0,48 = 2 \cdot P(A) \cdot P(B)$

$0,48 = 2 \cdot P(A) \cdot (1 - P(A))$ $\quad |:2$

$0,24 = P(A) - (P(A))^2$ $\quad |-P(A) + (P(A))^2$

$\underline{0 = (P(A))^2 - P(A) + 0,24}$

Einsatz des CAS:
Die Gleichung wird mithilfe des CAS gelöst.

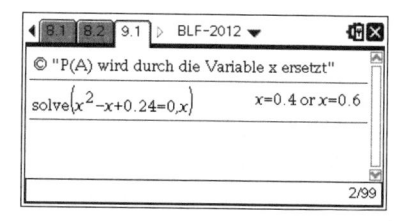

```
© "P(A) wird durch die Variable x ersetzt"
solve(x²−x+0.24=0,x)      x=0.4 or x=0.6
```

Die quadratische Gleichung hat folgende Lösungen:
$P(A)_1 = 0,4$

$P(A)_2 = 0,6$ entfällt, da α der Winkel des kleineren Sektors ist

$$P(A) = 0,4 = \frac{\alpha}{360°}$$

$\underline{\underline{\alpha = 144°}}$

4. Zweitafelprojektion eines Pflanzgefäßes

Durch die Angabe der Dichte des Materials Beton, aus dem das Pflanzgefäß besteht, errechnet man zunächst dessen Volumen V, mit dem man dann die gesuchte Masse m bestimmen kann. Das Volumen V des Pflanzgefäßes erhält man als Differenz der Volumina des äußeren Kreiszylinders V_1 und des inneren Kreiszylinders V_2.

Volumen des äußeren Kreiszylinders V_1

Gegeben: $d_1 = 50$ cm
$h_1 = 50$ cm

$V_1 = A_{G_1} \cdot h_1$ $\quad A_{G_1}$: Flächeninhalt der Grundfläche (Kreis)

$V_1 = \dfrac{\pi}{4} d_1^2 \cdot h_1$ $\quad A_{G_1} = \dfrac{\pi}{4} d_1^2$

$V_1 = \dfrac{\pi}{4} \cdot (50 \text{ cm})^2 \cdot 50 \text{ cm}$

$V_1 = 31\,250\pi$ cm^3

$V_1 \approx 98\,174,8$ cm^3

Volumen des inneren Kreiszylinders V_2

Gegeben: $d_2 = 50$ cm $- 2 \cdot$ Wandstärke $= 40$ cm
$h_2 = 50$ cm $- 1 \cdot$ Wandstärke $= 45$ cm

$V_2 = A_{G_2} \cdot h_2$

$V_2 = \dfrac{\pi}{4} d_2^2 \cdot h_2$

$V_2 = \dfrac{\pi}{4} \cdot (40 \text{ cm})^2 \cdot 45 \text{ cm}$

$V_2 = 18\,000\pi$ cm^3

$V_2 \approx 56\,548,7$ cm^3

Volumen des Pflanzgefäßes

$V = V_1 - V_2$

$V = 31\,250\pi$ cm$^3 - 18\,000\pi$ cm^3

$V = 13\,250\pi$ cm^3

$V \approx 41\,630$ cm^3

$V \approx 41,63$ dm^3

Masse des Pflanzgefäßes

Gegeben: $\rho = 2{,}4 \, \dfrac{kg}{dm^3}$

$V \approx 41{,}63 \, dm^3$

$\rho = \dfrac{m}{V} \qquad | \cdot V$

$m = \rho \cdot V$

$m = 2{,}4 \, \dfrac{kg}{dm^3} \cdot 41{,}63 \, dm^3$

$\underline{\underline{m \approx 100 \, kg}}$

Das Pflanzgefäß hat eine Masse von etwa 100 kg.

5. Kegelförmiges Kelchglas

Das Volumen der Flüssigkeit entspricht dem Volumen eines Kreiskegels, dessen Maße noch unbekannt sind. Hier hilft eine Strahlensatzfigur:

Es gilt: Skizze:

$\dfrac{d_1}{h_1} = \dfrac{d}{h}$

$\dfrac{d_1}{7 \, cm} = \dfrac{8 \, cm}{9 \, cm}$

$\underline{\underline{d_1 = 6{,}\overline{2} \, cm}}$

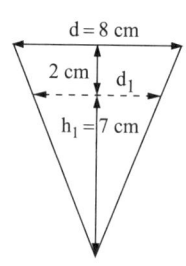

Volumen der Flüssigkeit:

$V = \dfrac{1}{3} A_G \cdot h_1$ A_G: Flächeninhalt der Grundfläche (Kreis)

$V = \dfrac{1}{3} \cdot \dfrac{\pi}{4} d_1^2 \cdot h_1$ $A_G = \dfrac{\pi}{4} d_1^2$

$V = \dfrac{\pi}{12} \cdot (6{,}\overline{2} \, cm)^2 \cdot 7 \, cm$

$\underline{\underline{V \approx 70{,}95 \, cm^3}}$

Das Volumen der Flüssigkeit beträgt rund 71 cm³.

2012-24

Sicher durch das Abitur!

Klare Fakten, systematische Methoden, prägnante Beispiele sowie Übungsaufgaben auf Abiturniveau mit erklärenden Lösungen zur Selbstkontrolle.

Mathematik

Analytische Geometrie
Mit Hinweisen zu GTR-/CAS-Nutzung .... Best.-Nr. 540038
Analysis mit Hinweisen zur CAS-Nutzung .... Best.-Nr. 540021
Stochastik .... Best.-Nr. 94009
Kompakt-Wissen Abitur Analysis .... Best.-Nr. 900151
Kompakt-Wissen Abitur Analytische Geometrie Best.-Nr. 900251
Kompakt-Wissen Abitur
Wahrscheinlichkeitsrechnung und Statistik .... Best.-Nr. 900351
Klausuren Mathematik Oberstufe .... Best.-Nr. 900461

Physik

Physik 1 – Elektromagnetisches Feld
und Relativitätstheorie .... Best.-Nr. 943028
Mechanik .... Best.-Nr. 94307
Physik – Übertritt in die Oberstufe .... Best.-Nr. 80301
Abitur-Wissen Elektrodynamik .... Best.-Nr. 94331
Kompakt-Wissen Abitur Physik 1
Mechanik, Wärmelehre, Relativitätstheorie ...... Best.-Nr. 943012
Kompakt-Wissen Abitur Physik 2
Elektrizität, Magnetismus und Wellenoptik ...... Best.-Nr. 943013
Kompakt-Wissen Abitur Physik 3
Quanten, Kerne und Atome .... Best.-Nr. 943011

Biologie

Biologie 1 – Strukturelle und energetische
Grundlagen des Lebens · Genetik und Gentechnik ·
Neuronale Informationsverarbeitung .... Best.-Nr. 947018
Biologie 2 – Evolution · Der Mensch als
Umweltfaktor – Populationsdynamik und
Biodiversität · Verhaltensbiologie .... Best.-Nr. 947028
Grundlagen, Arbeitstechniken und
Methoden – Biologie .... Best.-Nr. 94710
Chemie für den Leistungskurs Biologie .... Best.-Nr. 54705
Abitur-Wissen Genetik .... Best.-Nr. 94703
Abitur-Wissen Neurobiologie .... Best.-Nr. 94705
Abitur-Wissen Verhaltensbiologie .... Best.-Nr. 94706
Abitur-Wissen Evolution .... Best.-Nr. 94707
Abitur-Wissen Ökologie .... Best.-Nr. 94708
Abitur-Wissen Zell- und Entwicklungsbiologie ... Best.-Nr. 94709
Klausuren Biologie Oberstufe .... Best.-Nr. 907011
Kompakt-Wissen Abitur Biologie – Zellen und Stoffwechsel
Nerven · Sinne und Hormone · Ökologie .... Best.-Nr. 94712
Kompakt-Wissen Abitur Biologie – Genetik und Entwicklung ·
Immunbiologie · Evolution · Verhalten .... Best.-Nr. 94713
Kompakt-Wissen Biologie
Fachbegriffe der Biologie .... Best.-Nr. 94714

Chemie

Chemie 1 – Gleichgewichte · Energetik ·
Säuren und Basen · Elektrochemie .... Best.-Nr. 84731
Chemie 2 – Naturstoffe · Aromatische Verbindungen ·
Kunststoffe .... Best.-Nr. 84732
Rechnen in der Chemie .... Best.-Nr. 84735
Methodentraining Chemie .... Best.-Nr. 947308
Abitur-Wissen Protonen und Elektronen .... Best.-Nr. 947301
Abitur-Wissen
Struktur der Materie und Kernchemie .... Best.-Nr. 947303
Abitur-Wissen
Stoffklassen organischer Verbindungen .... Best.-Nr. 947304
Abitur-Wissen Biomoleküle .... Best.-Nr. 947305
Abitur-Wissen
Biokatalyse und Stoffwechselwege .... Best.-Nr. 947306
Abitur-Wissen
Chemie am Menschen – Chemie im Menschen ... Best.-Nr. 947307
Kompakt-Wissen Abitur Chemie Organische Stoffklassen ·
Natur-, Kunst- und Farbstoffe .... Best.-Nr. 947309
Kompakt-Wissen Abitur Chemie Anorganische Chemie ·
Energetik · Kinetik · Kernchemie .... Best.-Nr. 947310

Geschichte

Geschichte 1 – Industrialisierung und Soziale Frage,
Nationalstaatsgedanke und Nationalismus, Kaiserreich,
Imperialismus, Erster Weltkrieg, Weimarer Republik,
Nationalsozialismus und Zweiter Weltkrieg ...... Best.-Nr. 84763
Geschichte 2 – Deutschland nach dem Zweiten Weltkrieg,
die bipolare Welt nach 1945, der Umbruch in der DDR und
die Wiedervereinigung, die europäische Einigung,
Wendepunkte des 20. Jahrhunderts .... Best.-Nr. 84764
Grundlagen, Arbeitstechniken und
Methoden – Geschichte .... Best.-Nr. 94789
Abitur-Wissen Die Antike .... Best.-Nr. 94783
Abitur-Wissen Das Mittelalter .... Best.-Nr. 94788
Abitur-Wissen Französische Revolution .... Best.-Nr. 947812
Abitur-Wissen Die Ära Bismarck: Entstehung und
Entwicklung des deutschen Nationalstaats .... Best.-Nr. 94784
Abitur-Wissen Imperialismus und Erster Weltkrieg Best.-Nr. 94785
Abitur-Wissen Die Weimarer Republik .... Best.-Nr. 47815
Abitur-Wissen
Nationalsozialismus und Zweiter Weltkrieg ...... Best.-Nr. 94786
Abitur Wissen
Deutschland von 1945 bis zur Gegenwart .... Best.-Nr. 947811
Abitur Wissen USA .... Best.-Nr. 947813
Abitur Wissen Naher Osten .... Best.-Nr. 947814
Kompakt-Wissen Abitur Geschichte Oberstufe ... Best.-Nr. 947601
Klausuren Geschichte Oberstufe .... Best.-Nr. 107611

(Bitte blättern Sie um)

Abitur-Prüfungsaufgaben

Von den Kultusministerien zentral gestellte Abitur-Prüfungsaufgaben der letzten Jahre.
Mit schülergerechten Lösungen.

Sachsen

Abiturprüfung Mathematik – LK Sachsen	Best.-Nr. 145000
Abiturprüfung Mathematik – GK Sachsen	Best.-Nr. 145100
Abiturprüfung Deutsch – GK/LK Sachsen	Best.-Nr. 145400
Abiturprüfung Englisch – LK Sachsen	Best.-Nr. 145460
Abiturprüfung Physik – LK Sachsen	Best.-Nr. 145300
Abiturprüfung Chemie – GK/LK Sachsen	Best.-Nr. 145730
Abiturprüfung Biologie – GK Sachsen	Best.-Nr. 145700
Abiturprüfung Geschichte – GK/LK Sachsen	Best.-Nr. 145760

Sachsen-Anhalt

Abiturprüfung Mathematik – LKN Sachsen-Anhalt	Best.-Nr. 155000
Abiturprüfung Mathematik – GKN Sachsen-Anhalt	Best.-Nr. 155100
Abiturprüfung Deutsch – GKN/LKN Sachsen-Anhalt	Best.-Nr. 155400
Abiturprüfung Englisch – GKN/LKN Sachsen-Anhalt	Best.-Nr. 155460
Abiturprüfung Physik – LKN Sachsen-Anhalt	Best.-Nr. 155300
Abiturprüfung Chemie – GKN/LKN Sachsen-Anhalt	Best.-Nr. 155730
Abiturprüfung Biologie – GKN/LKN Sachsen-Anhalt	Best.-Nr. 155700

Thüringen

Abiturprüfung Mathematik – Thüringen	Best.-Nr. 165100
Abiturprüfung Deutsch – Thüringen	Best.-Nr. 165400
Abiturprüfung Englisch – eA Thüringen mit Audio-Dateien zum Downloaden	Best.-Nr. 165460
Abiturprüfung Physik – Thüringen	Best.-Nr. 165300
Abiturprüfung Biologie – gA/eA Thüringen	Best.-Nr. 165700
Abiturprüfung Geschichte – eA Thüringen	Best.-Nr. 165760

Mecklenburg-Vorpommern

Abiturprüfung Mathematik Mecklenburg-Vorpommern	Best.-Nr. 135000
Abiturprüfung Englisch mit Audio-Dateien zum Downloaden – Mecklenburg-Vorpommern	Best.-Nr. 135460
Abiturprüfung Biologie Mecklenburg-Vorpommern	Best.-Nr. 135700

Berlin/Brandenburg

Abiturprüfung Mathematik mit CD-ROM – LK Berlin/Brandenburg	Best.-Nr. 125000
Abiturprüfung Mathematik mit CD-ROM – GK Berlin/Brandenburg	Best.-Nr. 125100
Abiturprüfung Deutsch Berlin/Brandenburg	Best.-Nr. 125400
Abiturprüfung Englisch Berlin/Brandenburg	Best.-Nr. 125460
Abiturprüfung Biologie – GK/LK Berlin/Brandenburg	Best.-Nr. 125700

Studi-Kompass

Wie geht es nach dem Abitur weiter?

Die Reihe **Studi-Kompass** gibt Antworten auf Fragen zum Studium:

→ Detaillierte Informationen zu jeder Hochschule – und Hochschulstadt – in Deutschland sowie alle wichtigen Adressen und Ansprechpartner

→ Zahlreiche Berufsbilder, mögliche Tätigkeitsfelder und Arbeitsmarktprognosen für Absolventen

→ Online-SelfAssessment zur Unterstützung der Schülerinnen und Schüler bei der persönlichen Studienentscheidung

Wirtschaftswissenschaften und Wirtschaftsingenieurwesen, Ausgabe Nord	Best.-Nr. 20088A
Wirtschaftswissenschaften und Wirtschaftsingenieurwesen, Ausgabe Süd	Best.-Nr. 20088B
Ingenieurwissenschaften, Ausgabe Nord	Best.-Nr. 20010A
Ingenieurwissenschaften, Ausgabe Süd	Best.-Nr. 20010B
Psychologie und Pädagogik	Best.-Nr. 20094
Biologie, Chemie, Pharmazie	Best.-Nr. 20073
Mathematik und Physik, Ausgabe Nord	Best.-Nr. 20030A
Mathematik und Physik, Ausgabe Süd	Best.-Nr. 20030B
Rechtswissenschaften, Ausgabe Nord	Best.-Nr. 20085A
Rechtswissenschaften, Ausgabe Süd	Best.-Nr. 20085B
Sprach- und Literaturwissenschaften	Best.-Nr. 20040
Kulturwissenschaften	Best.-Nr. 20076
Politik- und Sozialwissenschaften	Best.-Nr. 20020
Medien, Ethnologie und Journalistik	Best.-Nr. 20080
„So finde ich das passende Studienfach!" Leitfaden zum Online-SelfAssessment inkl. Aktivierungs-Code	Best.-Nr. 20000
Aktivierungs-Code zum Online-SelfAssessment	Best.-Nr. 20000C

Bestellungen bitte direkt an:
STARK Verlagsgesellschaft mbH & Co. KG · Postfach 1852 · 85318 Freising
Tel. 0180 3 179000* · Fax 0180 3 179001* · www.stark-verlag.de · info@stark-verlag.de
*9 Cent pro Min. aus dem deutschen Festnetz, Mobilfunk bis 42 Cent pro Min.
Aus dem Mobilfunknetz wählen Sie die Festnetznummer: 08167 9573-0

Lernen • Wissen • Zukunft
STARK